MARBACH UND SEINE PFERDE

Wolfgang Cranz/Helmut Gebhardt
Marbach und seine Pferde
Keyser

Inhalt

Das Haupt- und Landgestüt Marbach

Das baden-württembergische Haupt- und Landgestüt Marbach an der Lauter gilt als das schwäbische Mekka der Pferdefreunde. Marbach ist heute ein moderner Dienstleistungsbetrieb in allem, was mit Pferden zu tun hat. Es ist aber auch eine Institution, die ganz bewußt in einer jahrhundertelangen Tradition steht, ein Stück Landeskultur.

Durch die Jahrhunderte hindurch war die Bedeutung des Pferdes für Landwirtschaft, Handel, Gewerbe und Militär unumstritten. Dabei kam den Landgestüten in vielen europäischen Ländern durch die Gestellung der Hengste und damit dem nachhaltigen Einfluß auf die Zuchtrichtung ganz besondere Bedeutung zu. Eine florierende Pferdezucht war für die jeweiligen Gebiete ein wichtiger politischer und wirtschaftlicher Faktor. Wenn sich auch die Verwendung der Pferde und damit die Zuchtziele in den letzten Jahrzehnten deutlich gewandelt haben, fällt den Landgestüten durch ihr langfristig ausgerichtetes Wirken wie eh und je eine entscheidende Verantwortung in der Ausrichtung des Zuchtzieles und damit für die Landespferdezucht zu. Das Land Baden-Württemberg unterstützt dieses über 400 Jahre alte Kleinod unter den Landesbetrieben. Nicht nur in der Pferdezucht, dem Reit- und Fahrsport und der Landwirtschaft, sondern auch im touristischen Bereich der strukturschwachen Region der Schwäbischen Alb ist das Haupt- und Landgestüt ein bedeutender Faktor. 500 000 bis 600 000 Menschen besuchen jährlich das Gestüt mit seinen Gestütshöfen Marbach, Offenhausen, St. Johann und Güterstein. Das Gestüt hält ganz bewußt seine Tore offen, um den Besuchern das Vergnügen und die Freude an den Pferden in der reizvollen Landschaft der Schwäbischen Alb zu ermöglichen. Fachleute, Züchter, Reiter und Fahrer können sich hier über alle Fragen der Pferdezucht und -haltung informieren. Neben den auf neuzeitlichen Erkenntnissen der Tierzucht beruhenden Zuchtmethoden fühlt sich Marbach verpflichtet, allen Freunden des Pferdes das Kulturgut Pferd nahezubringen und zu erhalten.

Die Geschichte des Gestüts ist wechselvoll. Im vierzehnten und fünfzehnten Jahrhundert wurden im Lande verschiedene kleinere Gestüte gegründet, zusammengelegt und wieder aufgelöst. Auf dem Hofgut Einsiedel bei Tübingen gründete Graf Eberhard im Bart (1459 – 1496) ein Hofgestüt mit Pferden, die er von seiner Pilgerreise ins Heilige Land mitbrachte. Als der Bestand

Der Stutenbrunnen – das Wahrzeichen Marbachs

für die dortige Futterfläche zu groß wurde, wurde 1491 ein weiteres Gestüt im Oberfeld ganz in der Nähe von Marbach gegründet. Bereits 1477 wurde Grafeneck mit dem Lehen Marbach von Graf Eberhard angekauft. Heute noch ist der Stutenbrunnen im Oberfeld – eine renovierte, eingefaßte Wasserstelle – ein vielbesuchter Platz auf den Wanderwegen rund um Marbach. Das Jahr 1573 ist schließlich das »offizielle« Gründungsdatum, als Marbach unter der Herrschaft Herzog Ludwigs »des Frommen« die Funktion eines Hof- und Landgestüts erhält.

Leiter des Gestüts Marbach von 1570 bis heute:

Sebastian von Plieningen und Hohenheim	um 1570
Christoph von Haugwitz	um 1593
Friedrich Benjamin von Münchingen	um 1633
Levin Freiherr von Kniestädt	1672–1710
Friedrich Freiherr von Kniestädt (Sohn des Vorhergehenden)	1710–1714
von Zettwitz	1714–1724
Friedrich Freiherr von Kniestädt	1724–1734
Heinrich Reinhold Freiherr von Röder	1734–1751
G. Fr. Freiher von Üxkuell	1751–1762
Gottlob Reinhold Freiherr von Röder	1762–1769
Alexander Freiherr von Bouwinghausen	1769–1794
G.L. Freiherr von Bouwinghausen (Sohn des Vorhergehenden)	1794–1806
Graf von Goerlitz	1806–1813
Freiherr von Falkenstein	1813–1825
Freiherr von Moltke	1825–1839
Edmund Freiherr von Reischach	1840–1861
Ferdinand von Stetten	1861–1867
Cäsar von Hofacker	1867–1896
Karl-Ferdinand von Scholl	1896–1903
Christian von Pentz	1903–1924
Karl Storz	1924–1949
Dr. Georg Wenzler	1949–1974
Dr. Wolfgang Cranz	1974–1994
Dr. Helmut Gebhardt	ab 1994

1817/18 erfolgte die Verstaatlichung und damit die Umwandlung des Hofgestütes Marbach in ein Landgestüt mit der Aufgabe, Landbeschäler für die Landespferdezucht zu produzieren. Erst am 19. Juli 1861 wurde der Dienstsitz des Landoberstallmeisters von Stuttgart nach Marbach verlegt. Bis 1924 waren die

Marbach im Lautertal – heute und im 18. Jahrhundert

Landstallmeister ehemalige Kavallerieoffiziere, seit dieser Zeit sind sie Diplomagraringenieure in der Fachrichtung Tierzucht.
In der Warmblutzucht hat sich besonders der Typ des nachgefragten Pferdes stark gewandelt. In der zweiten Hälfte des letzten Jahrhunderts begann eine konsequente Ausrichtung auf einen Pferdetyp, der unter dem Begriff »Herr und Bauer« größte Wertschätzung erfuhr. Diese Pferde waren hervorragend geeignet, sowohl während der Woche die schwere Feldarbeit zu verrichten als auch an Sonn- und Feiertagen vor der Kutsche zu gehen. Von größter Bedeutung war nach wie vor die Eignung zum militärischen Einsatz. Unter dem offiziellen Zuchtziel eines »Artillerie-Stangenpferdes« war das württembergische Warmblutpferd auch bei großen Ausstellungen im Deutschen Reich geachtet und anerkannt.
Die züchterische Basis des Württembergischen Warmbluts wurde nach dem Zweiten Weltkrieg noch einige Zeit in Reinzucht weiterverfolgt. Die Ansprüche der Käuferschaft hatten sich jedoch geändert. Durch Traktoren war die tierische Zugkraft in der Landwirtschaft und im Forstbetrieb weitgehend ersetzt worden, der Bedarf des Militärs an Remonten für berittene und bespannte Einheiten war entfallen. Die am Markt auftretenden Pferdekäufer suchten vor allem ein Reit- und Wagenpferd für ihre turniersportlichen Ambitionen, hinzu kamen vermehrt die Freizeitreiter. Die Zucht hatte sich auf diese geänderte Nachfrage einzustellen. Dabei fiel das Interesse, wie bereits gegen Ende des neunzehnten Jahrhunderts, auf die edlen Pferde aus Ostpreußen, die nach dem berühmten preußischen Hauptgestüt als »Trakehner« bezeichnet werden. Mit dem Einsatz des Hengstes »Julmond« wurde Zuchtgeschichte geschrieben. Weitere Trakehnerhengste wie zum Beispiel »Golddollar«, »Schabernack«, »Pregel« und »Kastor« haben die Warmblutzucht in Baden-Württemberg stark geprägt.
Nach dieser ersten Umzüchtungsphase wurde der Austausch von Hengsten und Stuten innerhalb der deutschen Bundesländer, aber auch international immer intensiver. Während der Leitung des Gestüts durch Dr. Wolfgang Cranz kamen neben der bis heute andauernden Verwendung von Trakehnerhengsten und -stuten vermehrt Hengste aus den norddeutschen Zuchten, vor allem Hannoveraner und Westfalen zur Anpaarung. Das heute in der Bundesrepublik Deutschland gezüchtete Warmblutpferd wird seit 1975 unter dem einheitlichen Zuchtziel »Deutsches Reitpferd« geführt:
Gezüchtet wird ein edles, großliniges und korrektes Reitpferd mit schwungvollen, raumgreifenden, elastischen Bewegungen,

das aufgrund seines Temperamentes, seines Charakters und seiner Rittigkeit für alle Reitzwecke geeignet ist.
In jeder Warmblutzucht wird der Verwendung von Englischem Vollblut, weniger der von Arabischem Vollblut große Bedeutung beigemessen. Eine alte Regel besagt, daß etwa zehn Prozent der Bedeckungen in einer Warmblutpopulation durch Vollblüter erfolgen sollten. Das Englische Vollblut wird einer harten Eigenleistungsprüfung in Form der Galopprennen unterzogen. So ist es nicht verwunderlich, daß man gerade die Eigenschaften wie Härte, Belastbarkeit und Leistungswillen über solche Anpaarungen in der Reitpferdezucht nutzen will.
Der Marbacher Zuchtpferdebestand für die Reitpferdezucht beläuft sich derzeit auf etwa 55 Hengste und 45 Stuten. Dazu kommen die Aufzuchtjahrgänge, die Hengstfohlen auf dem Hau in Offenhausen und in Güterstein und die Stutfohlen auf dem Fohlenhof in St. Johann.
Die aktive Zuchtarbeit im Gestüt hat zur Namensgebung des »Haupt- und Landgestüts« beigetragen: Das Hauptgestüt stellt den Bereich der Zuchtstuten dar, das Landgestüt steht für die Haltung der Deckhengste.
Ein Kleinod, das weltweite Wertschätzung erfährt, ist die Marbacher Vollblutaraberzucht. Die Zuchtlinien gehen zurück bis ins Jahr 1810 auf die berühmte Zucht König Wilhelms I. von Württemberg im ehemaligen königlichen Privatgestüt in Weil bei Esslingen. Herausragende Namen dieser ersten Zuchtepoche waren die Originalaraberstute »Murana I«, deren Stamm heute noch in den Marbacher Pedigrees aufzufinden ist, und der berühmte »Bairactar«, Leibreitpferd des Königs.
Bis 1932 dauerte die erfolgreiche Zuchtarbeit des Gestüts in Weil, bis dann die Araberzucht an das württembergische Landgestüt Marbach fiel. Seitdem sind Hengste, Stuten und deren Nachkommen im »Stutbuch Weil-Marbach« registriert.
Die Zucht von Kaltblutpferden erfolgt in Baden-Württemberg in zwei Populationen, einer kleinen Rassegruppe des »Süddeutschen Kaltbluts« und in der bedeutungsvolleren des »Schwarzwälder Kaltbluts«, auch als »Schwarzwälder Füchse« bezeichnet. Die Süddeutsche Kaltblutzucht ist schwerpunktmäßig in Bayern beheimatet. Etwa 120 Stuten sind beim Pferdezuchtverband Baden-Württemberg e.V. registriert. Im Haupt- und Landgestüt werden in der Regel zwei bis drei Hengste gehalten. Vor allem für den Einsatz bei der Waldarbeit sind die robusten, im Temperament angenehmen Zugpferde bestens geeignet.
Die Schwarzwälder Füchse haben während der letzten zwei Jahrzehnte eine wahre Renaissance erlebt. 1980 war der Bestand an

eingetragenen Zuchtstuten in Baden-Württemberg bis auf 200 Stuten gesunken. Die Nachzucht an qualitätvollen, dem Typ entsprechenden Junghengsten und Jungstuten war außerordentlich gefährdet, da ein Großteil der Tiere schon im Fohlenalter zum Schlachten verkauft wurde. Heute sind wieder an die 500 Stuten im Stutbuch eingetragen. Brauchtumsveranstaltungen wie das St. Märgener Roßfest, aber auch die züchterischen Termine wie Stutbuchaufnahmen, Prämierungen und die vielbesuchten Fohlenschauen haben geholfen, die Bedeutung des Schwarzwälder Kaltbluts und die züchterische Passion für diese liebenswerte Pferderasse wieder zu festigen. In Marbach wird derzeit ein Bestand von zwölf Hengsten für die Schwarzwälder-Zucht gehalten.

Auf dem Gebiet der Kleinpferdezucht betätigt sich das Marbacher Gestüt nur in geringem Umfang. 1958 hat das Landgestüt erstmals einen Haflingerhengst, »Nadir«, aufgestellt. Durch Selektion auf etwas leichtere, elegantere Typen und den wohl dosierten Einsatz arabischen Blutes bei den Haflingern wurde im Lauf der Zeit den geänderten Ansprüchen Rechnung getragen, so daß heute ein in Charakter und Temperament angenehmes Reit- und Fahrpferd gezüchtet wird, das vor allem den Kindern und Jugendlichen den Zugang zum Pferdesport ermöglicht.

Etwa 550 000 Pferde verschiedener Rassen und unterschiedlichen Alters wurden 1995 in der Bundesrepublik von der amtlichen Viehzählung erfaßt. Allein in Baden-Württemberg gibt es über 75 000 Pferde bei ca. 15 000 Pferdehaltern.

Daß die Landwirtschaft sich wieder vermehrt um den früheren Arbeitskameraden – heute Sport- und Freizeitpartner – Pferd bemüht, zeigt die Tatsache, daß mehr als fünfzehn Prozent aller viehhaltenden Betriebe in Baden-Württemberg Pferde halten. Beinahe 100 000 Mitglieder zählen die Reit- und Fahrvereine in Baden-Württemberg. Das bedeutet eine Verdoppelung der Mitglieder in den letzten zwanzig Jahren.

Der durch die Pferdehaltung bedingte Flächenverbrauch ist beträchtlich. Bei den erwähnten Bestandszahlen wird eine Fläche von über 500 000 Hektar innerhalb der gesamten Bundesrepublik Deutschland, davon etwa 70 000 Hektar allein in Baden-Württemberg, benötigt.

Neben der wirtschaftlichen Komponente erscheint auch die soziale Funktion des Pferdes für eine sinnvolle Freizeitgestaltung als außerordentlich wertvoll. Das Pferd als Partner von Heranwachsenden erzieht zum verantwortlichen Umgang mit dem Tier als Mitgeschöpf, aber auch zu Konsequenz, Pünktlichkeit und anderen wichtigen Verhaltensnormen des täglichen Lebens.

Das den Eingang beherrschende Landstallmeisterhaus rechts stammt aus dem Jahre 1602, der Engländerstall an der linken Seite des Eingangstores wurde im Jahre1840 errichtet.

Die Marbacher Gestütshöfe

Wenn man das Haupt- und Landgestüt Marbach durch das schmiedeeiserne Eingangstor betritt, nimmt einen die besondere Atmosphäre dieser historischen Anlage mit dem Kommen und Gehen von Pferden, Reitabteilungen und Gespannen, dem Wiehern und Hufgetrappel gefangen.
Der Stutenbrunnen aus dem Jahre 1844 mit der in Wasseralfingen gegossenen Plastik einer säugenden Mutterstute ist das Wahrzeichen Marbachs.
Das Verwaltungsgebäude, zugleich Wohnung des Gestütsleiters, dominiert die Ansicht von der Straße her. Es ist ein zwar repräsentativer, aber doch in seiner Architektur sehr schlichter Bau, der in früheren Zeiten im unteren Teil als Stall genutzt wurde.

Eine Wappentafel im Flur des ersten Stockwerks erinnert heute noch an die Gründung dieses Hauses:

»Als Christoff von Haugwitz zu Beichtau
F.W. Stallmeister war ist dis Stuthaus
gebaut worden. Anno 1602«

In der Eingangshalle sind die zahlreichen Ehrenpreise, Pokale, Plaketten und anderes mehr in Glasvitrinen ausgestellt.
Eine Wappentafel stellt eine Besonderheit dar mit den Initialen C.E.H.Z.W. – Carl Eugen Herzog zu Wirtemberg.
In seinen fünf Feldern zeigt das Wappen die Hirschstangen des Hauses Wirtemberg (Herzschild), die Rauten der Herzöge von Teck, die Reichssturmfahne von Markgröningen, die Fische der burgundischen Grafschaft Mömpelgard / Montbéliard und den anfangs des 18. Jahrhunderts in das Herzogswappen eingefügten »Heiden« der Herrschaft Heidenheim. Unter den dazugehörigen fünf Helmzierden erkennt man das Uracher Hifthorn mit den Farben der dortigen Burggrafen, die diese an das Haus Fürstenberg vererbt haben. Ein Beispiel der ursprünglichen und nach 1495 über mehr als zwei Jahrhunderte beibehaltenen vierfeldigen Form des Herzogswappens befindet sich an der Straßenfront dieses Gebäudes.
Das an den Verwaltungstrakt unmittelbar anschließende Gebäude beherbergt weitere Wohnungen. Der Gestütshof ist seit jeher im Quadrat angelegt. Auf der einen Seite befinden sich die erwähnten Verwaltungs- und Wohngebäude, gegenüber sind die Hengststallungen angeordnet. Diese alten Pferdeställe sind heute noch, von der stallklimatischen Sicht her betrachtet, für die Gesundheit und das Wohlbefinden der Pferde bestens geeignet, da sie geräumig und gut zu belüften sind. Die breiten, mit Holzpflaster ausgelegten Stallgassen ermöglichen ein für Mensch und Tier gefahrloses Arbeiten.

Die Ställe tragen traditionsreiche Namen wie Engländerstall, Langer Stall, Bataillonsstall und Zwerchstall.
Bei vielen Gebäuden wurde der am Albrand gewonnene Tuffstein verwendet, ein gelblicher, poröser Kalkstein, der durch den großen Lufteinschluß eine gute Isolierwirkung besitzt.
Geht man weiter bergwärts durch die Hofanlage, ist auf der linken Seite der große »Zirkel« zu sehen, eine Führanlage zum Bewegen der Pferde. Reiten oder Fahren ist zwar allemal die bessere Art der Bewegung, jedoch kommt man heutzutage mit knapper gewordenem Personal nicht mehr ohne derartige Hilfsmittel aus.
Anschließend trifft man auf den »Hauptbeschälerstall«, einen

Der quadratisch angelegte Gestütshof wird umsäumt von den Verwaltungs- und Wohngebäuden und den gegenüberliegenden Hengststallungen.

kleineren Fachwerkbau, der sechs Hengsten Platz bietet. »Hauptbeschäler« sind diejenigen Hengste, die für die Hauptgestütsherde reserviert sind und somit nicht für Stuten aus der Landespferdezucht zur Verfügung gestellt werden. Das Prädikat »Hauptbeschäler« ist für einen Zuchthengst schon immer ein herausragendes Qualitätsmerkmal gewesen. Mit der Möglichkeit der künstlichen Besamung ist allerdings die Begründung der besseren Hygiene für die Gestütsstuten relativiert worden, da die Besamungshengste immer den besten hygienischen Status haben und somit die Möglichkeit besteht, das Sperma sowohl in der Marbacher Stutenherde als auch für private Stuten einzusetzen.

An den Hauptbeschälerstall schließt sich der frühere Reitschulstall an. Bis vor wenigen Jahren noch als Stall mit Anbindehaltung der Schulpferde mit breiten Ständern bestückt, wurde dieser Stall behutsam renoviert und mit Boxen für die Hengste der Fahrschule ausgebaut.

Das Reitschulheim, ein Zweckbau aus den sechziger Jahren, steht genau gegenüber.

Der Hauptbeschälerstall aus dem Jahre 1845 beherbergt heute vor allem die Vollblutaraberhengste.

Über den großen Vorplatz gelangt man zu den beiden Reithallen. Die historische »Kleine Reithalle« mit der Jahreszahl 1860 war einst in Güterstein errichtet worden. Stein für Stein wurde sie dort abgetragen und nach Marbach versetzt. Die Abmessungen des stilvoll ausgeführten Bauwerks betragen 60 x 110 württembergische Fuß, das sind 17 x 31 Meter. An der inneren Giebelseite befindet sich das Wappen mit der Maxime »furchtlos und trew«. Die »Große Reithalle« mit einer Reitbahn von 20 x 60 Metern wurde zum 400jährigen Jubiläum 1973 errichtet. Die großzügige, den Anforderungen eines modernen Gestütsbetriebes entsprechende Halle dient der Ausbildungsarbeit mit den Pferden und bietet bei Auktionen, Turnierveranstaltungen und anderen Anlässen bis zu 2000 Zuschauern Platz.

Das Wappen erinnert an die Vergangenheit als königlich-württembergisches Hofgestüt.

Eine noch weit größere Anzahl an Besuchern bei den Hengstparaden und anderen Großveranstaltungen faßt der oberhalb der Halle liegende Außenreitplatz. Hier finden bis zu 13000 Menschen Raum auf den Sitz- und Stehplätzen. Der zum Reiten und Fahren verfügbare Sandplatz hat die Abmessungen von 60 x 110

Die freitragende Konstruktion der »Kleinen Reithalle« von 1860 ist für die damalige Zeit eine besondere Rarität.

Metern. Der Platz wurde aus Gründen des Landschaftsschutzes an dieser Stelle gebaut und ist nur von oben einsehbar.
Auf dem Weg zu den Stutenställen und Weiden kommt man am Getreidespeicher vorbei, der ganz in Holzbauweise und in der Art eines »Schweizerhauses« erbaut ist. Dieses Magazin, wie es in Marbach genannt wird, dient der Lagerung großer Mengen an Hafer und anderer Futtermittel, die für die Versorgung der Pferdebestände im Gestütshof gebraucht werden.
Auf den anschließenden Hofkoppeln stehen die Stutenställe. Der untere Stall ist der Abfohlstall, in den die hochtragenden Stuten im Frühjahr gebracht werden, um dort unter der Obhut des Stutenmeisters in geräumigen Einzelboxen in Ruhe ihre Fohlen zur Welt zu bringen.
Etwa zwei Wochen nach der Geburt kommen die Stuten mit ihren Fohlen in den mittleren oder oberen Laufstall, wo ein reges Treiben herrscht. Für viele Pferdefreunde, besonders für Familien mit Kindern, ist ein Besuch bei den Stuten und Fohlen immer ein eindrucksvolles Erlebnis.
Nach den ersten Lebenswochen in den Laufställen und auf den Hofkoppeln werden die Fohlen mit ihren Müttern im Mai auf die weitläufigen Sommerweiden gebracht, zur »Wanderhütte« und zur »Alten Hütte«. Auch diese Ställe sind als Laufställe gebaut, in denen Stuten und Fohlen artgerecht im Herdenverband gehalten werden.
Im Alter von fünf bis sechs Monaten werden die Fohlen von ihren Müttern abgesetzt und in getrennten Herden zusammengestellt, Hengstfohlen auf dem Hau, einem Vorwerk von Offenhausen, und Stutfohlen auf dem Fohlenhof in St. Johann. Etwa sechzig Fohlen pro Jahrgang leben hier in einem artgerechten und der Psyche des Pferdes sehr förderlichen Herdenverband.
In dem parkartigen Gelände von Marbach mit seinen alten Alleen, einzeln stehenden Weidebuchen, Heistern und Hecken darf ein Besuch von »Julmonds Grab« nicht fehlen. Ein schlichter Gedenkstein unter hohen schattigen Baumkronen erinnert an die Bedeutung dieses ostpreußischen Stempelhengstes für die moderne baden-württembergische Reitpferdezucht. Die Inschrift lautet:

»Julmond
* 26.4.38 in Raudsen i. Ostpr., + 23.3.65 in Marbach
Aus seiner ostpreussischen Heimat
vom Landgestüt Georgenburg kam der Hengst
in den Wirren der Nachkriegszeit hierher
und leitete eine neue Zuchtepoche
in der württbg. Pferdezucht ein.«

Der Getreidespeicher im Schweizer Stil stammt aus dem Jahre 1889.

Die Ziegelbauweise des Abfohlstalls aus dem Jahre 1898 ist für die Alb eher untypisch.

Der Trakehnerhengst »Julmond« erlag 1965 einem Herzschlag.

Ein weitläufiges Weidegebiet, allerdings etwas abseits der hauptsächlichen Besucherwege, ist die »Brente«. Dort verbringt ein Teil der Stutenherde seinen Weidesommer in der Nachbarschaft zum ehemaligen Jagdschloß Grafeneck.
Im unteren Hof von Marbach sind der landwirtschaftliche Betriebsteil und die Werkstätten untergebracht. Zu einem Gestütsbetrieb dieser Größenordnung gehört selbstverständlich eine Schmiedewerkstatt, wo die Hengste und die Reit- und Fahrpferde alle sechs bis acht Wochen neu beschlagen werden. In der

Eine Marbacher Besonderheit sind die Hirtenhäuschen vor den jeweiligen Stallungen. Sie werden heute nicht mehr bewohnt.

Oben links ein Blick in den Hengststall in Offenhausen, erbaut 1635, der den Pferden viel Luftraum bietet.

Den Mittelpunkt des Gestütshofes Offenhausen bildet die ehemalige Klosterkirche aus dem Jahre 1161.

Wagnerei werden die zahlreichen Kutschen und Wagen gewartet und repariert. Die Berufe des Wagners und Sattlers sind heutzutage selten geworden. Das Haupt- und Landgestüt sieht eine wichtige Aufgabe in der Ausbildung für verschiedene Berufe. Neben Pferdewirten, Landwirten und Tierwirten ist das Gestüt auch anerkannter Ausbildungsbetrieb für das Sattlerhandwerk und unterstützt die Ausbildung für Hufschmiede.
Das Haupt- und Landgestüt bewirtschaftet drei Gestütshöfe, Marbach, Offenhausen und St. Johann, mit verschiedenen Vorwerken und einer Fläche von insgesamt fast 1000 Hektar.

In der frühgotischen Klosterkirche in Offenhausen wurde 1987 das Gestütsmuseum eingerichtet.

Offenhausen, das ehemalige Kloster St. Maria Gnadenzell, beherbergte einst einen Bettelorden der Dominikanerinnen. Die großzügige Anlage, die teilweise noch von der alten Klostermauer begrenzt wird, liegt am Ursprung der Großen Lauter, die dem Lautertal seinen Namen gab. Aus weitem Umkreis sammelt die Lauterquelle die unterirdisch im Karstgestein des Weißen Jura verlaufenden Wasserströme.

Die im frühgotischen Stil erbaute Klosterkirche aus dem Jahre 1161 ist heute mit dem dort untergebrachten Gestütsmuseum ein ganz besonderer Anziehungspunkt. Das Museum birgt Exponate aus dem Gestütsbereich wie Kutschen, Geschirre, Sättel, die Ausrüstung der Gestütwärter und vieles andere mehr. Darüber hinaus ist die Geschichte der süddeutschen Bettelorden dargestellt, und jährlich wechselnde Ausstellungen, vorwiegend zum Thema Pferd, locken die Besucher.

Natürlich sind in Offenhausen auch viele Pferde untergebracht. Der großräumige Hengststall bietet Platz für vierzig Beschäler. Im ehemaligen Kuhstall wurde vor Jahren eine Besamungsstation eingerichtet mit Boxen für Gaststuten, Untersuchungsständen für die Stuten, einer Beschälplatte und dem wichtigen Laborbereich.

In der Hengsthaltung stellt Marbach einen Großteil der Zuchthengste für die baden-württembergische Landespferdezucht.

Diese Landbeschäler, eine althergebrachte Bezeichnung für Deckhengste im Besitz des Landes, beziehen in der Zeit von Mitte Februar bis Ende Juni jeden Jahres die staatlichen Beschälplatten, die über das ganze Land verteilt sind. Die Züchter haben auf diese Weise nur kurze Wege, um ihre Stuten zum Hengst zu bringen, und können auf den Deckstationen einen fachlich qualifizierten Service durch die Gestütwärter in Anspruch nehmen.
Zunehmend wird von der Möglichkeit der künstlichen Besamung Gebrauch gemacht. In der im Gestütshof Offenhausen eingerichteten Besamungsstation stehen besonders hochwertige und vielversprechende Hengste, deren Sperma nach sachgerechter und hygienisch einwandfreier Aufbereitung per Kurier auf die Deckstationen gebracht wird, um dort die Stuten zu besamen. Die Züchter haben somit ein ausgezeichnetes Angebot und eine große Sicherheit, ihre Stuten tragend zu bekommen.
Neben den Fohlen aus der Marbacher Stammstutenherde werden noch zusätzliche Fohlen, vielversprechende Hengstanwärter, bei den Fohlenschauen und Fohlenmärkten, aber auch im Züchterstall direkt angekauft.
Zum Gestütshof Offenhausen gehört das höchst gelegene Vorwerk, der »Hau«. Hier werden die ein- bis dreijährigen Hengstfohlen aufgezogen.
Der Gestütshof St. Johann mit insgesamt über 400 Hektar Fläche liegt siebzehn Kilometer von Marbach entfernt und gab der

Von den Koppeln des Vorwerks Hau bietet sich ein weitreichender Blick über die Hochfläche der Schwäbischen Alb.

Die überdachten »Zirkel« bieten als Rundläufe den Pferden Bewegungsmöglichkeit bei ungünstiger Witterung.

Das attraktive Fachwerkgebäude im Hof von St. Johann wird als Speicher genutzt.

Junghengste auf dem Hau.

Das Gestüt St. Johann in historischer Darstellung.

dortigen Gemeinde St. Johann mit den Ortsteilen Würtingen, Gächingen, Lonsingen, Upfingen und Bleichstetten ihren Namen. Die Geländebeschaffenheit auf diesem Teil der Alb ist großflächiger und ebener und bietet bessere natürliche Bedingungen, als dies auf der mehr hügeligen Kuppenalb im Bereich Marbach und Offenhausen der Fall ist.

Die Bergahornallee zum Fohlenhof ist als Naturdenkmal ausgewiesen.

Die markante Anlage des Gestütshofes Güterstein ist ein beliebtes Wanderziel auf dem Weg zu den Uracher und Gütersteiner Wasserfällen.

Die Möglichkeiten der Hengsthaltung im Hof St. Johann sind in kleinerem Umfang gegeben. Im alten Hengststall und in dem vor kurzem umgebauten früheren Kuhstall stehen etwa dreißig Boxenplätze zur Verfügung, genug, um eine Reihe von Beschälern während der Decksaison unterzubringen, aber auch Platz für einige Junghengste, die angeritten beziehungsweise eingefahren werden sollen.
Die St. Johanner Hofanlage wird dominiert von dem Fachwerkgebäude mit den über Kreuz angebrachten Pferdeköpfen, von dem pittoresken Brunnen gegenüber und von dem alten ehemaligen Forsthaus, umgeben von einem mächtigen Baumbestand. Eine kurze Kastanienallee führt den Besucher, vom Gestütsgasthof herkommend, in den Hof. Eine ebenfalls landschaftsprägende Allee verläuft entlang des Weges zum Vorwerk Fohlenhof, etwa einen Kilometer östlich von St. Johann gelegen, vorbei an den großflächigen Ackerschlägen, die vorwiegend der Saatgutvermehrung bei Getreide, Grassamen und dem Rapsanbau dienen. Parallel zum Fahrweg verläuft am geschützten Waldrand ein Wanderweg. Hier bekommt man einen Eindruck von der für die Schwäbische Alb so typischen Waldbewirtschaftung in Form des Mischwaldes mit einem hohen Anteil an Buchen. Auf dem Fohlenhof werden die Stutfohlen aufgezogen. Bis zu achtzig Fohlen aus zwei Jahrgängen können in dem großen Laufstall, einem Backsteinbau, gehalten werden.

Eine denkmalgeschützte Besonderheit stellt das »Ensemble« des alten Stalles im Fohlenhof mit den beiden Wohnhäusern an den Kopfseiten dar.

Aus der Mitte des achtzehnten Jahrhunderts stammt der architektonisch wertvolle und in den Proportionen sehr harmonische alte Stall. Vor nicht allzu langer Zeit noch als Aufzuchtstall für Jungrinder genutzt, wurde dieser Bau Anfang der achtziger Jahre unter Denkmalschutz gestellt und soll demnächst wieder als nutzbarer Fohlenstall renoviert werden.

Zwei Wohnhäuser begrenzen als Kopfbauten das langgezogene Gebäude. Die Fundamentmauern, aus ausgesuchten Feldsteinen auf den felsigen Untergrund gesetzt, haben die Zeiten überdauert und sind wie die solide Zimmermannskonstruktion ein Zeichen für die hervorragende Handwerkskunst der vergangenen Zeit.

Am Eingang zum Fohlenhof steht ein Zirkel, eine Anlage, die zum Bewegen der Fohlenherden dient. Nicht das ganze Jahr über lassen es die Witterung und die Bodenverhältnisse zu, den Tieren tagsüber auf den Weiden Auslauf und Bewegung zu verschaffen. Die Rundläufe, die in der Nähe der meisten Laufställe gebaut wurden, ermöglichen ein gefahrloses Freilaufen bei Wind und Wetter.

Auf dem Fahrweg durch den lichten Hangwald gelangt man über den Steilabfall hinunter zum Vorwerk Güterstein. Auf der sogenannten Fohlensteige werden Tiere getrieben, Futter transportiert, Holz abgefahren.

Ein lohnender Umweg führt zur Rohrauer Hütte und von dort zu einem imposanten Aussichtspunkt, dem Rutschenfelsen hoch über Bad Urach mit einem weiten Blick hinüber zur Ruine

Das Gestüt Güterstein bei Urach um 1830 vom Standort des vormaligen Klosters aus gesehen.

Hohen Urach und über die Albhochfläche hinweg. Beliebte Wanderziele in dieser Gegend sind auch die Uracher und Gütersteiner Wasserfälle.
Schon beim Abstieg über die Fohlensteige hat man immer wieder zwischen den Bäumen hinduch einen Ausblick auf die Hofanlage in Güterstein. Rotgedeckte Fachwerkbauten umfassen den geräumigen Innenhof mit dem hübschen Brunnen. Güterstein gehörte ursprünglich als Zisterzienserkloster zum Kloster Bebenhausen, später zu Zwiefalten und wurde im fünfzehnten Jahrhundert in eine Kartause für einen Prior und zwölf Brüder umgewandelt. Von den alten Klostergebäuden samt Kirche – zeitweise war Güterstein Grablege des württembergischen Herzogshauses – ist nichts mehr erhalten. Anstelle des ehemaligen Wirtschaftshofes steht heute der von König Wilhelm I. von Württemberg in den Jahren 1819/20 erbaute Gestütshof.
Die Hälfte des anderthalb bis zweijährigen Hengstfohlenjahrgangs wird in Güterstein und auf den dortigen Weiden gehalten. Zudem sind während der Sommermonate Weiderinder in Pension untergebracht.
Güterstein ist Bad Urachs Gestütshof. Die vielen Besucher der alten Bäderstadt mit den herrlichen Fachwerkbauten rund um den Marktplatz nützen die einmalige Spaziermöglichkeit durch das Maisental und die schöne Obstbaumallee nach Güterstein, um dort einen bleibenden Eindruck von der Schönheit und Ursprünglichkeit einer friedlich grasenden Herde junger Hengste mit nach Hause zu nehmen.

1 Januar Fohlengeburt

Für einen Pferdezuchtbetrieb ist die Zeit der Fohlengeburt die wichtigste Zeit im Jahresablauf. Die Stute wird genau beobachtet und voller Spannung die Geburt erwartet. Im Vergleich mit anderen Haustieren, bei denen die Geburten über das ganze Jahr verteilt sind, werden die Fohlen vorwiegend im Spätwinter und im Frühjahr geboren; sie sollen in die futterreiche Zeit des Sommers hineinwachsen. In früheren Zeiten, in denen die Zuchtstuten als Arbeitspferde eingesetzt waren, erfolgte die Abfohlung auch im Herbst, weil die Stuten in der Frühjahrsbestellung arbeiten mußten. Elf Monate dauert die Tragezeit einer Stute, dabei ist eine Variation von +/– 30 Tagen nicht außergewöhnlich. Es sind auch geringfügige Jahresunterschiede festzustellen. Die meisten Geburten ereignen sich in der Ruhe der Nacht. In der Herde des Hauptgestüts Marbach ist der Stutenmeister für das Abfohlen verantwortlich, und dabei sind ihm die Auszubildenden im Beruf des Pferdewirts behilflich. Für sie ist das Erleben der Fohlengeburten und das damit verbundene Wachehalten immer wieder eine eindrucksvolle Erfahrung. Die meisten Pferdegeburten verlaufen ohne Komplikationen. Erfahrene Pferdezüchter wissen, daß die Beurteilung eines Fohlens im Hinblick auf seine spätere Entwicklung am sichersten in den ersten Lebenstagen erfolgen kann. Schon kurz nach der Geburt steht das Fohlen als sogenannter Nestflüchter auf. Nachdem es ihm gelungen ist zu stehen, beschäftigt sich ein Fohlen in der Regel mit der Eutersuche und ersten Saugversuchen. Nach ein bis zwei Stunden trinkt das Fohlen aktiv bis zu viermal stündlich am Euter. In der ersten Lebenswoche saugen die Fohlen während der Tageszeit durchschnittlich siebenmal pro Stunde, in der siebten bis achten Woche noch zweimal und vor dem Absetzen nur noch einmal pro Stunde. Von großer Wichtigkeit für die Ausbildung der Immunität gegen Krankheiten ist es, daß das Fohlen die Kolostralmilch unmittelbar nach der Geburt erhält. Durch die besondere Zusammensetzung dieser ersten Muttermilch und ihrem hohen Gehalt an Abwehrstoffen bekommt das Fohlen eine natürliche Schutzimpfung. Ebenso wichtig ist auch, daß das Darmpech, der noch im Mutterleib gebildete Kot, innerhalb der ersten 36 Lebensstunden abgeht. Hier muß manchmal, insbesondere bei Hengstfohlen, nachgeholfen werden.

Zwischen vierzig und fünfzig Fohlen werden jährlich in der Stutenherde des Hauptgestüts Marbach geboren, fünfzehn bis zwanzig Vollblutaraberfohlen und zwanzig bis dreißig Warmblutfohlen.

Aufmerksam nimmt das Vollblutaraberfohlen seine Umgebung wahr. Hören, Riechen, Sehen sind bei Pferden, die gemäß ihrer natürlichen Veranlagung auf neuartige Eindrücke mit Fluchtverhalten reagieren, besonders ausgeprägte Sinne.

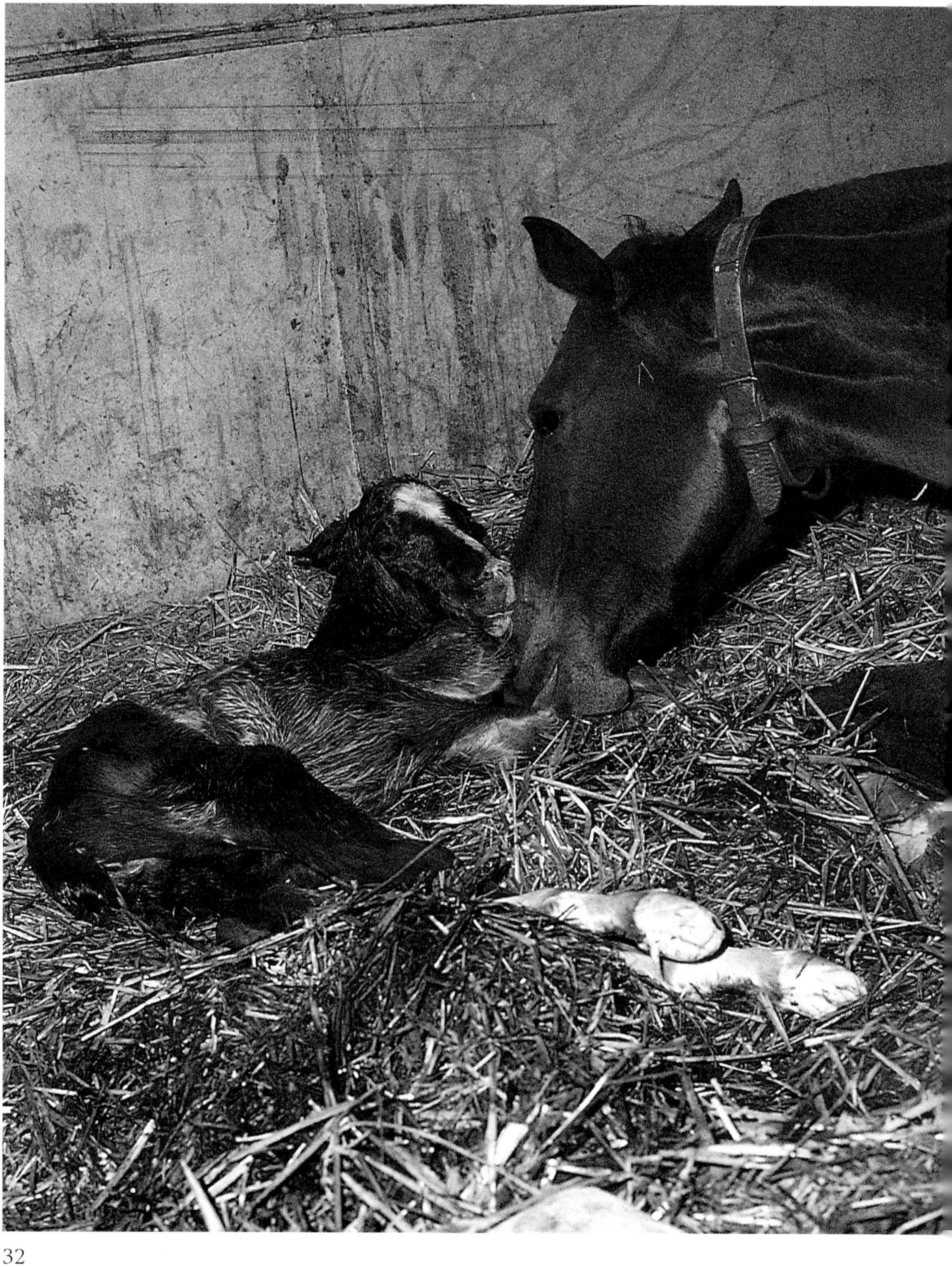

Die meisten Fohlengeburten gehen komplikationslos vor sich. Vorwiegend werden die Fohlen in der Ruhe der Nacht geboren. Gleich nach der Geburt wendet sich die Stute ihrem neugeborenen Fohlen zu, beriecht es intensiv und beleckt es am ganzen Körper, beginnend am Kopf, über Hals und Rücken bis hin zu den Beinen. Das Ablecken dient der Entfernung von Eihautresten, aber auch der Körpermassage zur Kreislaufanregung.

Nur selten werden beim Pferd Zwillinge geboren. Meistens sind diese bei der Geburt von unterschiedlicher Größe und Gewicht. Im Abfohlstall herrscht auch im Winter wohlige Wärme.

Der Stutenbrunnen, das Wahrzeichen Marbachs, ist zur Zeit der Fohlengeburten meist schneebedeckt.

Aus der Stutenherde des Hauptgestütes, nämlich von der Stute »Herzblatt« von »Herzbube« stammt der 1990 geborene »Ganymed«-Sohn »Gardez«. Seine Mutter »Herzblatt« gehört der bedeutenden Stutenfamilie der »Halali« an, die den Vollblutaraber »Halef« zum Vater hat. Bei der Geburt von »Gardez« war »Herzblatt« schon zweiundzwanzig Jahre alt. Insgesamt hat sie achtzehn Fohlen das Leben geschenkt, »Gardez« ist ihr siebzehntes Fohlen. Auch die Hengste »Kern« und »Kerner« stammen von ihr. 1993 gewann »Gardez« das Championat des baden-württembergischen Warmblutpferdes in Bad Urach, im gleichen Jahr war er Sieger der Hengstleistungsprüfung mit 139 Punkten. Als Vierjähriger war er Bester beim Süddeutschen Hengstchampionat in Alsfeld. In Dressurpferde- und Springpferdeprüfungen wird er neben seinem Einsatz als Besamungshengst vorgestellt und ist sehr erfolgreich. Er war 1994 und 1995 der am meisten gefragte Hengst in der Besamung. Seine Fohlenjahrgänge sind überzeugend.

Marbach liegt auf der Schwäbischen Alb, die auch die Rauhe Alb genannt wird. Die Höhenlage beträgt etwa 700 m über NN. Die oftmals schneereichen Winter sind kein Hinderungsgrund, die Pferde auf die Weide zu lassen. Pferde sind sehr anpassungsfähig an verschiedene Klimazonen. Als ehemalige Steppentiere benötigen sie Bewegung und frische Luft. Durch ihr dichtes Winterfell sind sie weitgehend vor der Kälte geschützt. Schädlich ist es, Pferde in einem warmen, feuchten Stall zu halten. Im Winter sind die Stuten und Aufzuchtjahrgänge je nach Temperatur stundenweise auf der Weide. Nachts kommen sie in die Ställe. Die Winterlandschaft mit dem 1602 erbauten Landstallmeister- und Verwaltungsgebäude ist ein gewohntes Bild auf der Münsinger Alb.

2

Februar Pferdeauktion

Jeweils am ersten Samstag im Februar findet die Reitpferde- und Zuchtstutenauktion ausschließlich mit Pferden aus eigener Zucht und Aufzucht in der großen Reithalle des Haupt- und Landgestütes Marbach statt. Diese Veranstaltung auf der meist winterlichen Schwäbischen Alb zieht alljährlich viele Interessenten aus dem In- und Ausland an. Es werden dreijährige Pferde, die erst zwei bis drei Monate angeritten sind, und vierjährige Pferde, welche meistens schon die Hengstleistungsprüfung absolviert haben, angeboten. Bis 1973 wurden die Pferde oftmals im Schneetreiben unter freiem Himmel im Gestütshof in Offenhausen auf einer um die Kirche herum angelegten Mistunterlage vorgestellt und versteigert. Heute ist es kaum noch vorstellbar, eine Auktion unter derartigen Bedingungen durchzuführen.

Seit 1974, nach Fertigstellung der großen Reithalle, findet die Auktion, deren Ergebnis auch ein Preisbarometer für die folgenden Verkäufe im Lande darstellt, in Marbach statt. Zu diesem Anlaß wird in der Reitbahn eine zusätzliche Tribüne aufgestellt, so daß rund 2500 Interessenten die Versteigerung verfolgen können. Die meisten Besucher erfreuen sich an der prikkelnden und unterhaltsamen Versteigerungsatmosphäre.

Über Jahre hinweg haben die Marbacher Gestütsauktionen aber auch eine feste und treue Käuferschaft. Neben Sport- und Freizeitreitern aus dem In- und Ausland gehören die Polizeireiterstaffeln in Stuttgart und Mannheim zu den ständigen Käufern. Vor allem sie wissen die gesund aufgezogenen, charakterstarken Pferde zu schätzen. Marbacher Pferde wachsen »pferdegerecht« auf den weitläufigen Weiden in großen Herden auf. Diese natürliche Aufzucht wirkt sich günstig auf Wesen, Charakter und Temperament der Pferde aus.

Eine Besonderheit der Marbacher Auktionen ist es, daß alle Pferde auf Wunsch eingefahren werden können. Die angebotenen Pferde wurden entweder im Hauptgestüt geboren oder als Hengstanwärter angekauft. Aus diesem Grund gibt es umfassende Informationen über die einzelnen Pferde. Rund dreißig Warmblutpferde werden jährlich über die Auktion verkauft, etwa weitere vierzig Pferde finden außerhalb der Auktion während des ganzen Jahres ihre Käufer. Vollblutaraber werden ausschließlich im freien Verkauf abgesetzt.

Diese ausdrucksvolle Kopfstudie zeigt den Elitehengst »Flirt«, geboren 1973. Sein Vater ist der Halbbluthengst »Futuro«, seine Mutter »Utholda« führt das Blut des Weiler Vollblutarabers »Jason«. »Flirt« selbst ging sehr erfolgreich unter Udo Lange in Dressurprüfungen der Klasse S. Auf Grund einer Verletzung mußte »Flirt« aus dem Sport genommen werden. Er ist auch in hohem Alter einer der gefragtesten Zuchthengste mit dem sehr hohen Dressurindex von 125 Punkten. Sein bedeutendster Nachkomme ist der Hengst »Fleiner«.

Im Februar rücken die Hengste mit ihren Betreuern auf eine der Beschälplatten in Baden-Württemberg aus, die über das ganze Land verteilt sind. Früher, als nur Württemberg beschickt wurde, ging es im anstrengenden Fußmarsch mit verschiedenen Aufenthalten auf die einzelnen Stationen, wie diese Aufnahmen mit den Handpferden zeigen. Danach erfolgte der Transport der Hengste mit der Bahn. Die Verladung war am Bahnhof Marbach. Heute ist der Mercedes-Sattelauflieger das Transportmittel. Von Februar bis Ende Juni bleiben Hengste und Gestütwärter auf den Beschälplatten.
Bis in die sechziger Jahre fanden die Hengstparaden im Februar im tiefen Albwinter auf dem Platz neben dem Gestütsgasthof Marbach statt. Hier wurden die Hengste gezeigt, bevor sie auf die Beschälplatten ausrückten. Auch damals schon war, trotz winterlicher Temperaturen, das Publikumsinteresse groß.

4

Der erfolgreiche Einsatz von Marbacher Pferden im Turniersport aller Disziplinen ist beispielhaft. Der Hengst »Afghadi« wurde 1979 dreijährig an Ruth Hunkeler in die Schweiz verkauft. Er wurde von ihr in der Dressur so weit gefördert, daß die beiden an der Olympiade 1992 in Barcelona erfolgreich teilnehmen konnten. Über die Auktion des Haupt- und Landgestütes wurde 1994 der in Marbach als Hengstanwärter aufgezogene Wallach »Harlem« an die Familie Zieglwallner verkauft. Unter seiner Reiterin Brigitte Wittich wurde er Vizechampion im Bundeschampionat der fünfjährigen Dressurpferde.
1991 wurde der in Marbach gezüchtete dreijährige »China-Prince« über die Auktion verkauft. Unter den Reitern Roland und Simon Metz wurde er in Vielseitigkeitsprüfungen erfolgreich vorgestellt. 1995 nahm er am Finale der zwanzig besten Vielseitigkeitspferde beim Bundeschampionat erfolgreich teil.
Der im Haupt- und Landgestüt Marbach gezüchtete und als Deckhengst eingesetzte Schimmelhengst »Wanilo« wird von Ausbildungsleiter Helmut Hartmann in Springprüfungen vorgestellt.

Anläßlich der Hengstparade 1993 wurde der in Marbach gezüchtete Hengst »Kern« im Alter von neunzehn Jahren in bester Gesundheit aus dem großen Turniersport verabschiedet. Christiane Eberwein hat den Zuchthengst, der stets im Eigentum des Haupt- und Landgestüts war, als Vierjährigen übernommen und selbst ausgebildet. In vielen Dressurprüfungen der Klasse S errang sie Siege und Placierungen. Mit ihm wurde sie hessische Meisterin in der Dressur. Heute wird der Hengst wieder in der Zucht eingesetzt und dient als Lehrpferd in der Reitschule.
Die Käufer der Spitzenpferde der Auktion im Februar jedes Jahres erhalten aus der Hand des Landoberstallmeisters einen Blumenstrauß. Gerhard Glazle, der in Marbach als Sohn eines Gestütwärters geboren wurde, ist der seit vielen Jahren bewährte Auktionator der Marbacher Gestütsauktion.

3

März
Typentwicklung

Etwa vierzig Warmblutstuten, hiervon zehn bis fünfzehn Trakehner- und zwanzig bis fünfundzwanzig Vollblutaraberstuten werden im Hauptgestüt gehalten. Während dem Landgestüt ausschließlich die Hengsthaltung obliegt, bedeutet der Begriff Hauptgestüt die Haltung einer Stammstutenherde und deren züchterische Nutzung mit der vorwiegenden Ausrichtung auf die Erzeugung des Hengstnachwuchses. Sie dient aber auch dazu, um in Zuchtversuchen möglichst frühzeitig Informationen über die Hengste, insbesondere die Junghengste, die erstmals eingesetzt sind, zu erhalten. Neben Marbach erfüllen die staatlichen Gestüte Schwaiganger in Bayern, Neustadt/Dosse in Brandenburg und Graditz in Sachsen sowohl die Funktion eines Haupt- als auch eines Landgestütes. Die staatlichen Gestüte Celle in Niedersachsen, Warendorf in Nordrhein-Westfalen, Dillenburg in Hessen, Zweibrücken in Rheinland-Pfalz-Saar, Moritzburg in Sachsen und Redefin in Mecklenburg-Vorpommern betreiben als Landgestüte ausschließlich Hengsthaltung.

Das Pferd weist innerhalb seiner Art eine große Vielfalt von Erscheinungsbildern, sowohl hinsichtlich der Größe als auch der Farben auf. Entsprechend der Verwendung der Pferde haben sich verschiedene Zuchtziele, die aus den jeweiligen Anforderungen ihrer Zeit zu verstehen sind, herausgebildet. Heute wird in den Warmblutzuchtgebieten ein für alle Zwecke des Reitsportes geeignetes Pferd gezüchtet. Das bedeutet keineswegs ein Einheitspferd, vielmehr soll eine gewisse Typenvariation erhalten bleiben, entsprechend den verschiedenen Verwendungszwecken. Die Reiteignung der Pferde, also auch die Körperkonstruktion wie Schulter, Sattellage, leichte Hälsung und Genick, Grundgangarten, Härte, Ausdauer und Leistungsfähigkeit wurde mit Hilfe der sogenannten Veredlerrassen wie englischen Vollblütern, Trakehnern und zum geringen Teil arabischen Vollblütern innerhalb eines relativ kurzen Zeitraumes verbessert. Dadurch hat sich nicht nur die Reiteignung, sondern auch das Erscheinungsbild der Warmblutpferde deutlich geändert. Das schwere Warmblutpferd und die Altwürttemberger stellen das frühere Zuchtziel dieser Pferde, das mit den Worten »Herr und Bauer« umschrieben wurde, dar. Vier Hengste dieser einst im Lande stark verbreiteten Rasse stehen den Züchtern, die sich der Erhaltung dieser Kulturrasse widmen, zur Verfügung. Pferdezucht war auch in früheren Jahren, als den Pferden eine sehr viel größere volkswirtschaftliche Bedeutung zukam, nicht nur auf

(Fortsetzung Seite 54)

Viel Bewegungsfreiheit bieten die Marbacher Weiden den Stuten und Fohlen. Neugiergig lernt das Fohlen, seine Umgebung wahrzunehmen.

Die Zuchtziele in der Pferdezucht orientieren sich an dem jeweiligen Verwendungszweck der Tiere. Vor über hundert Jahren wurde der Anglonormanne »Faust« (großes Bild) in Frankreich angekauft. Der Hengst wirkte von 1889 – 1908 in Württemberg und hat damals der gesamten Zucht sein Gepräge gegeben.
Bis Ende der fünfziger Jahre war das Zuchtziel vom landwirtschaftlichen Arbeitspferd bestimmt. Die kräftigen, muskulösen, oftmals gedrungenen leichtfuttrigen Pferde wurden mit dem Begriff »Herr und Bauer« bezeichnet. Der letzte Vertreter im Hengstbestand war der Hengst »Freisohn« (rechts oben), geboren 1959. Die Änderung des Zuchtzieles zum Reitpferd wurde mit Hilfe von Trakehner-Hengsten vorgenommen. »Julmond« (Mitte rechts), der schon zwanzigjährig ab 1960 als Hauptbeschäler wirkte, wurde zu einem Volltreffer in der Umzüchtungsperiode. Auf der Grundlage von »Julmond« wurde der ausdrucksvolle, reitbetonte Schimmelhengst »Pregel« (unten rechts) in der Landespferdezucht und als Hauptbeschäler mit bestem Erfolg eingesetzt.

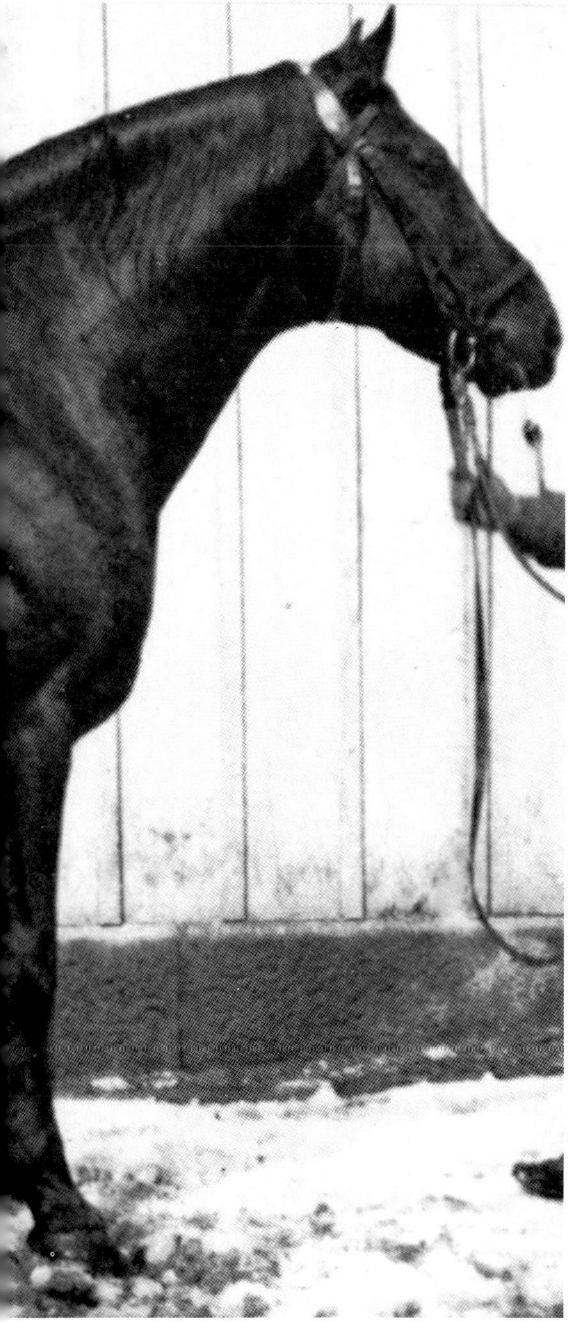

Der Hengst »Jonas« (links oben) stellt die erste Veredlungsgeneration dar, während der bedeutende Hengst »Jugol« (links unten) von »Julmond« aus der »Goldblume« von »Golddollar« väterlicher- und mütterlicherseits Veredlerblut führt mit deutlich markierten Reitpferdepoints. Der Elitehengst »Jugol« wurde dreißig Jahre alt und wirkt über seine gekörten Söhne »Jaguar«, »Jurist« und »Joschka« sowie über eine große Anzahl von Stuten fort.
Der 1958 geborene Fuchshengst »Ikarus« kam als Fohlen mit seinem Vater »Julmond« vom Remontedepot Breithühlen durch Vermittlung von Leberecht Opitz nach Marbach. Die ausdrucksvolle Kopfstudie des Hengstes zeigt den Trakehner Rassetyp in hervorragender Weise.

Ein Bild aus alten Tagen der Landwirtschaft, das in das Frühjahr paßt, aufgenommen bei einem Schaubild der Hengstparade, zeigt ein Hengstgespann vor der Sämaschine. Noch gar nicht so lange, etwa dreißig bis vierzig Jahre, ist es her, daß die umfangreiche Landwirtschaft des Gestütsbetriebes mit Zuchthengsten und Stuten bewirtschaftet wurde.
Für die modernen Reitpferdehengste ist eine derartige Darbietung eine gute Temperamentsprobe. Viele Kilometer mußten Männer und Pferde mit der drei Meter breiten Sämaschine am Tag zurücklegen.

die regionale Population beschränkt. So wurden zum Beispiel vor über hundert Jahren französische Hengste aus der Normandie für Marbach angekauft. Der 1888 importierte Hengst »Faust« wurde zum Stammvater der württembergischen Warmblutzucht. Er war ein tiefer, breiter, stämmiger Hengst mit 160 cm Widerristhöhe, mit sehr schwungvollen Trabbewegungen und von bestem Temperament.

In der Periode der Veredlung vom Wirtschaftspferd zum Reitpferd wurden in Marbach vorwiegend Trakehnerhengste eingesetzt. Hierbei haben die Hengste »Julmond« und »Pregel«, der auch arabische Vorfahren hatte, besondere Bedeutung erlangt. Bereits zwanzigjährig wurde »Julmond« 1960 in Marbach als Hauptbeschäler eingesetzt.

In wenigen Jahren hat der Hengst 140 Nachkommen in bestem Typ hinterlassen. Zweiundzwanzig Söhne von ihm wurden gekört und zwanzig seiner Töchter in die Stammstutenherde eingereiht. Sie bildeten den Grundstock für die moderne baden-württembergische Reitpferdezucht.

Harmonie, Ausdruck und Adel zeichnen den Prämienhengst »Ameretto« aus. Er wurde im Hauptgestüt gezüchtet und weist eine internationale leistungsbetonte Blutführung auf. Seine Hengstleistungsprüfung hat er mit 132 Punkten abgelegt. »Ameretto« besitzt sowohl besondere Dressurbegabung als auch Springvermögen. Erfolgreich ist er im Turniersport. 1992 gewann er das baden-württembergische Reitpferde-Championat.

Im März erreicht die Abfohlzeit ihren Höhepunkt. Zum Abfohlen werden die Stuten im sogenannten Abfohlstall in Einzelboxen untergebracht, um ungestört zu sein. Schon eine Woche nach der Geburt kommen die Stuten mit ihren Fohlen zurück in die Gemeinschaft der Herde. Hier können die Fohlen ihre angeborenen sozialen Instinkte entwickeln. In Marbach sind aus räumlichen Gründen die Warmblutstuten und die Vollblutaraberstuten voneinander getrennt. Die Beziehungen der Pferde und der Körperkontakt untereinander sind in der Aufzuchtperiode von großer Bedeutung. Ein Pferd kann sich in der Jugend nur in einer Gemeinschaft gesund entwickeln. Im Zusammenleben der Pferde besteht eine ganz bestimmte Rangordnung, die immer wieder neu ausgemacht wird, so auch, wenn die Stuten nach dem Abfohlen in die Herde zurückkehren. Meist nimmt das Fohlen diesselbe Rangordnung wie die Mutter ein. Etwa sechs Monate bleiben die Fohlen bei ihren Müttern, dann werden sie abgesetzt und nach Geschlechtern getrennt aufgezogen – die Hengstfohlen in Offenhausen und Güterstein, die Stutfohlen im Fohlenhof St. Johann.
Bis zu zwanzig Liter Milch gibt die Stute täglich in der Zeit der Hochlaktation. Stutenmilch ist in ihrer Zusammensetzung bezüglich Fettgehalt, Mineralstoffen und Eiweiß der menschlichen Milch ähnlicher als etwa Kuhmilch. Deswegen wird sie auch therapeutisch bei Kindern und Erwachsenen eingesetzt. Damit die Stute möglichst jedes Jahr ein Fohlen gebärt, muß sie entweder in der Fohlenrosse, das heißt sieben bis zehn Tage oder etwa am dreißigsten Tag nach der Geburt wieder gedeckt werden. Etwa siebzig bis achtzig Prozent beträgt die Abfohlquote im Hauptgestüt, während sie in der Landespferdezucht nur bei etwa sechzig Prozent liegt.

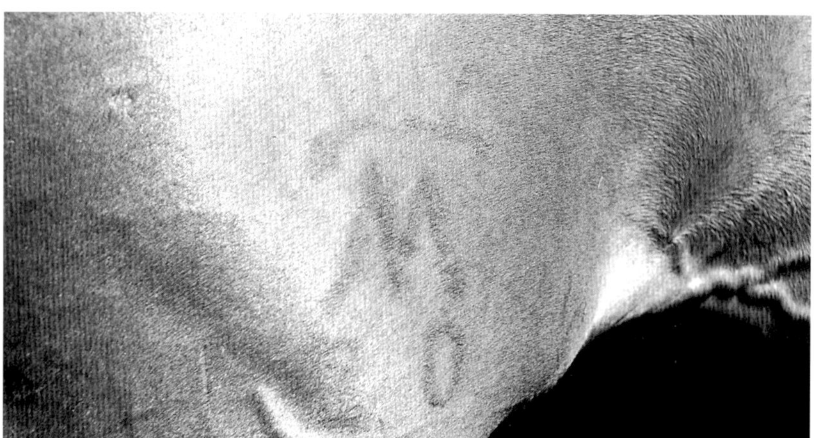

Stuten und Fohlen bis zum dritten Lebensjahr werden im Laufstall gehalten. Die Haltung in einer sozialen Gemeinschaft entspricht den Bedürfnissen des Herdentieres Pferd. In einer derartigen natürlichen Haltungsform stellt sich eine ganz bestimmte Rangordnung heraus. In den ersten Lebenswochen nehmen die Fohlen beinahe ausschließlich Muttermilch auf, allmählich beginnen sie dann auch, feste Nahrung wie Gras, Heu und gequetschten Hafer zu fressen.
Bei der Schimmelstute auf dem unteren Bild sieht man deutlich den Trakehnerbrand mit der doppelten Elchschaufel. Das Brennen erfolgt in der Zeit, in welcher die Fohlen bei ihren Müttern sind, um Verwechslungen auszuschließen.

Den Hauptgestütsbrand erhalten alle in Marbach geborenen Pferde auf dem rechten Schenkel.

Zu den Futterzeiten werden die Stuten angebunden. Andernfalls entsteht zu viel Unruhe, und die Schwächeren würden abgetrieben. Die Fohlen nehmen aus den heruntergelassenen Trögen in der Mitte festes Futter, vorwiegend Quetschhafer, auf. Nach der Futterzeit werden die Tröge hochgezogen und die Stuten wieder losgelassen. Fohlen und Stuten bewegen sich frei in den geräumigen Laufställen. Der Mist wird täglich entfernt. Das Ausmisten der sogenannten Matratze, das heißt der gesamten Einstreu, findet je nach Belegung drei- bis viermal im Jahr statt.

Ungezwungen und losgelöst, ohne vom Menschen geritten, gefahren oder geführt zu werden, bewegen sich die ausdrucksstarken Vollblutaraberstuten im synchronen Bewegungsablauf. Die Pferde zeigen sich ohne jeglichen menschlichen Zwang in ihrer ganzen natürlichen Schönheit in dynamischer Galoppade.

April
Aufzucht und Ausbildung

Im Frühjahr legen die Stuten, die Warmblutstuten im Alter von drei Jahren, die Vollblutaraberstuten im Alter von vier Jahren, ihre Leistungsprüfung ab. Diese Prüfung umfaßt einen Zeitraum von dreißig Tagen unter vergleichbaren Haltungsbedingungen innerhalb einer Prüfungsgruppe von mindestens fünfzehn Tieren. Es werden die Reiteignung (Rittigkeit), die von Natur aus vorhandenen Grundgangarten Schritt, Trab und Galopp sowie die Veranlagung zum Springen bewertet. Von entscheidender Bedeutung ist es, sowohl bei der Stuten- als auch bei der Hengstleistungsprüfung, natürlich vorhandene Eigenschaften und nicht die Einwirkung des Reiters zu prüfen. Um den Reitereinfluß möglichst gering zu halten, werden die Pferde in jungem Alter auf einem niedrigen Ausbildungsstand geprüft. Objektive Stutenleistungsprüfungen in der jetzigen Form gibt es erst seit wenigen Jahren. In früheren Zeiten, in denen die Pferde zur Arbeit in der Landwirtschaft verwendet wurden, stellte die tägliche Arbeit die Leistungsprüfung dar. Dementsprechend wurden früher Stuten des Hauptgestütes in der Bewirtschaftung der umfangreichen Landwirtschaft Marbachs eingesetzt. Pferde, die hierbei nicht genügten, wurden nicht in der Zucht verwendet.

Der Ablauf der Tätigkeiten im Haupt- und Landgestüt Marbach erfolgt im alljährlich wiederkehrenden Rhythmus. Nachdem die Stuten ihre Leistungsprüfung abgeschlossen haben, werden die Junghengste in Vorbereitung auf die Hengstleistungsprüfung im Herbst angeritten. Das Anreiten stellt einen gravierenden Einschnitt im Leben eines Pferdes dar. Im Vordergrund dieser so wichtigen Phase stehen, wie auch schon in der gesamten Aufzucht, vertrauensbildende Maßnahmen. Das Anreiten hat nichts mit dem Brechen des Willens und dem Unterwerfen des Pferdes unter den Menschen zu tun. Das Tier muß sich mit dem neuen Schwerpunkt, bedingt durch das Reitergewicht, abfinden. Hierbei lassen oftmals zunächst die schwungvollen, raumgreifenden Bewegungen des Freilaufens nach. Die Muskulatur der tragenden Brücke des Rückens muß ausgebildet und mit einfühlsamer Hand müssen die Pferde an das Trensengebiß gewöhnt werden. Während der ersten Zeit in der Einzelbox vermissen die Pferde den Körperkontakt untereinander, den sie aus der Herdenhaltung gewöhnt sind. Dennoch ist es immer wieder erstaunlich, wie rasch sich das Fluchttier Pferd unter der einfühlsamen und auf sein Wesen eingehenden Behandlung an seine neue Aufgabe gewöhnt. Die Reiteignung der Pferde hat durch entsprechende Leistungsprüfungen deutlich zugenommen.

Selten gelingt eine derartige Aufnahme, die das Vollblutaraberfohlen in der freien Schwebephase in vollem Galopp kurz vor dem Auffußen zeigt.

Schon bald bilden sich unter den Fohlen bestimmte Freundschaften heraus. Die Fohlen beginnen, selbständig zu werden und lösen sich zeitweise auch schon von ihren Müttern.
Die gegenseitige Fellpflege an bestimmter Stelle vor dem Widerrist ist ein eindeutiges Zeichen des gegenseitigen Vertrauens und der Zuneigung.
Für die gesunde psychische Entwicklung ist der gegenseitige Körperkontakt der Pferde von großer Bedeutung. Die Herdenhaltung ist dafür bestens geeignet.
Hengstfohlen messen im Spiel ihre Kräfte.

Der Trakehner Elitehengst »Bartholdy« wurde bei der Trakehner Hengstkörung in Neumünster 1982 zum Siegerhengst der damaligen Körung erwählt. Seit 1992 hat das Haupt- und Landgestüt Marbach diesen langlinigen Hengst von Hans Hartmann Freiherr Thumb von Neuburg angepachtet. Die Nachkommen von »Bartholdy« zeichnen sich insbesondere durch sehr gute Dressureignung aus, was auch in dem hohen Dressurindex von 132 Punkten zum Ausdruck kommt. Der Hengst wurde in der Landespferdezucht als Landbeschäler wie auch als Hauptbeschäler in der Hauptgestütsherde eingesetzt.

Im Vorwerk Fohlenhof, das zum Gestütshof St. Johann gehört, werden die Stutfohlen bis zum Alter von drei Jahren gemeinsam in der Herde aufgezogen. Auch im Frühjahr vor Vegetationsbeginn bewegen sich die Pferde auf der Weide. Selbst in dieser Jahreszeit finden sie Nahrung. Die Hauptnährstoffversorgung erfolgt allerdings im Stall durch Zufütterung von Heu, Grassilage, Getreide sowie Mineralstoffen. Über den Triebweg sind die einzelnen Weiden des Fohlenhofes erreichbar. Freudig kehren die Fohlen am Abend in Erwartung der Fütterung in den Stall zurück.

5

Mai
Besamung

Die Fruchtbarkeit des Pferdes wird neben der Vitamin- und Mineralstoffzufuhr, insbesondere durch frisches Gras, auch von der Lichtzufuhr gesteuert. Erst bei ausreichendem Licht werden Hormone produziert, welche die Rosse in Gang setzen. Deshalb wird der Höhepunkt der Bedeckungen beziehungsweise Besamungen im Mai erreicht. Seit Beginn der neunziger Jahre hat die Zuchtmethode der künstlichen Besamung auch bei Pferden deutlich zugenommen. Im Gestütshof Offenhausen wurde im ehemaligen Kuhstall eine Besamungsstation für Pferde eingerichtet. Eine derartige Einrichtung muß die im Besamungsgesetz geforderten Voraussetzungen bezüglich Hygiene, Aufbereitung und Kontrolle des Samens erfüllen. Vorwiegend erfolgt die Besamung nicht mit Tiefgefriersamen, sondern mit Frischsamen, der, mit Nährlösung versehen, bis zu 24 Stunden und länger befruchtungsfähig ist. Sechs Warmbluthengste, ein englischer Vollbluthengst und ein Vollblutaraber sind in der Saison 1996 in der Besamung eingesetzt. Voraussetzung für den Einsatz der Hengste ist die Besamungserlaubnis; hierbei werden gegenüber dem Natursprung weitergehende Anforderungen gestellt. Die Zuchtmethode der künstlichen Besamung hat den Vorteil, daß Deckinfektionen ausgeschaltet werden. Züchterisch wertvolle Hengste können ohne Rücksicht auf ihren Standort in größerem Umfang eingesetzt werden.

Das Pferd hat wegen seiner langen Trächtigkeit von elf Monaten eine geringe Vermehrungsrate und eine lange Generationsfolge. Deshalb läßt sich Nachteiliges im Erbgut eines Hengstes erst relativ spät erkennen. Bis zu 200 Stuten und mehr können von einem Hengst, der in der Samenübertragung eingesetzt ist, pro Saison besamt werden. Üblicherweise werden die Hengste jeden zweiten Tag abgesamt. Das Ejakulat eines Hengstes kann durchschnittlich in sechs bis zehn Portionen aufgeteilt werden. Jede Samenportion wird gründlich untersucht und muß mindestens 500 Millionen lebender Spermien aufweisen. Stuten, die zur Besamung vorgesehen sind, werden vom Hengst »abprobiert«, sie müssen deutliche Anzeichen der Rosse zeigen und dürfen den Hengst nicht abschlagen. Der Tierarzt führt manuell oder auch mit dem Ultraschallgerät vom Mastdarm aus die Follikelkontrolle durch, um die Besamung im optimalen Zeitpunkt des Eisprungs durchzuführen. Die Samenübertragung erfolgt entweder in der Besamungsstation Offenhausen oder auf einer der Deckstationen im Lande, wohin der Samen mit Kurier ausgeliefert wird.

Der Ausritt gehört zum Ausbildungsangebot der Reitschule. Hierfür bietet sich die weiträumige Landschaft der Schwäbischen Alb ganz besonders an. Im Hintergrund Schloß Grafeneck, ehemaliges Jagdschloß der württembergischen Herzöge, das heute von der Samariterstiftung genutzt wird.

Aufmerksam nehmen die Stuten alles für sie Ungewohnte wahr. Dem ehemaligen Steppentier Pferd war nur eine Überlebenschance im rechtzeitigen Erkennen der Gefahr gegeben. Auch das heutige Weidepferd ist in ständiger Fluchtbereitschaft. Die enge Gemeinschaft der Herde bietet Schutz und Geborgenheit für die Fohlen.

Vom Herumtollen müde geworden, senkt das Fohlen nach und nach seinen Kopf, bis dieser fast im Gras verschwindet, und schläft ein. Um die Augen herum ist deutlich ein Kreis von weißen Haaren erkennbar, ein Zeichen dafür, daß dieses Fohlen allmählich die Schimmelfarbe bekommt.

Die großflächigen Weiden bieten reichlich Futter und viel Raum für die so wichtige Bewegung. Alte Bäume in der parkartigen Landschaft gewähren Unterstand und Schutz vor Regen und Sonne.

Ein Leistungsvererber aller Disziplinen ist der Hannoveraner »Ganymed«: Er hat eine Zuchtwertschätzung auf der Grundlage von Turniersportleistungen in der Dressur von 125 Indexpunkten und im Springen von 117 Indexpunkten. Seit 1989 ist der Hengst im Land eingesetzt. Bei der Hengstleistungsprüfung 1984 in Adelheidsdorf war er der Sieger unter siebzig Hengsten mit einem Index von 134 Punkten. Das Gestüt hat den Hengst von Werner und Gisela Schockemöhle gepachtet. Dieser großrahmige, kalibrige Hengst, der hohe Rittigkeitsmerkmale aufweist, eignet sich besonders zur Anpaarung an edle, elegante Stuten. Sein bester Nachkomme ist sicherlich der auf Seite 34/35 dargestellte Hengst »Gardez«.

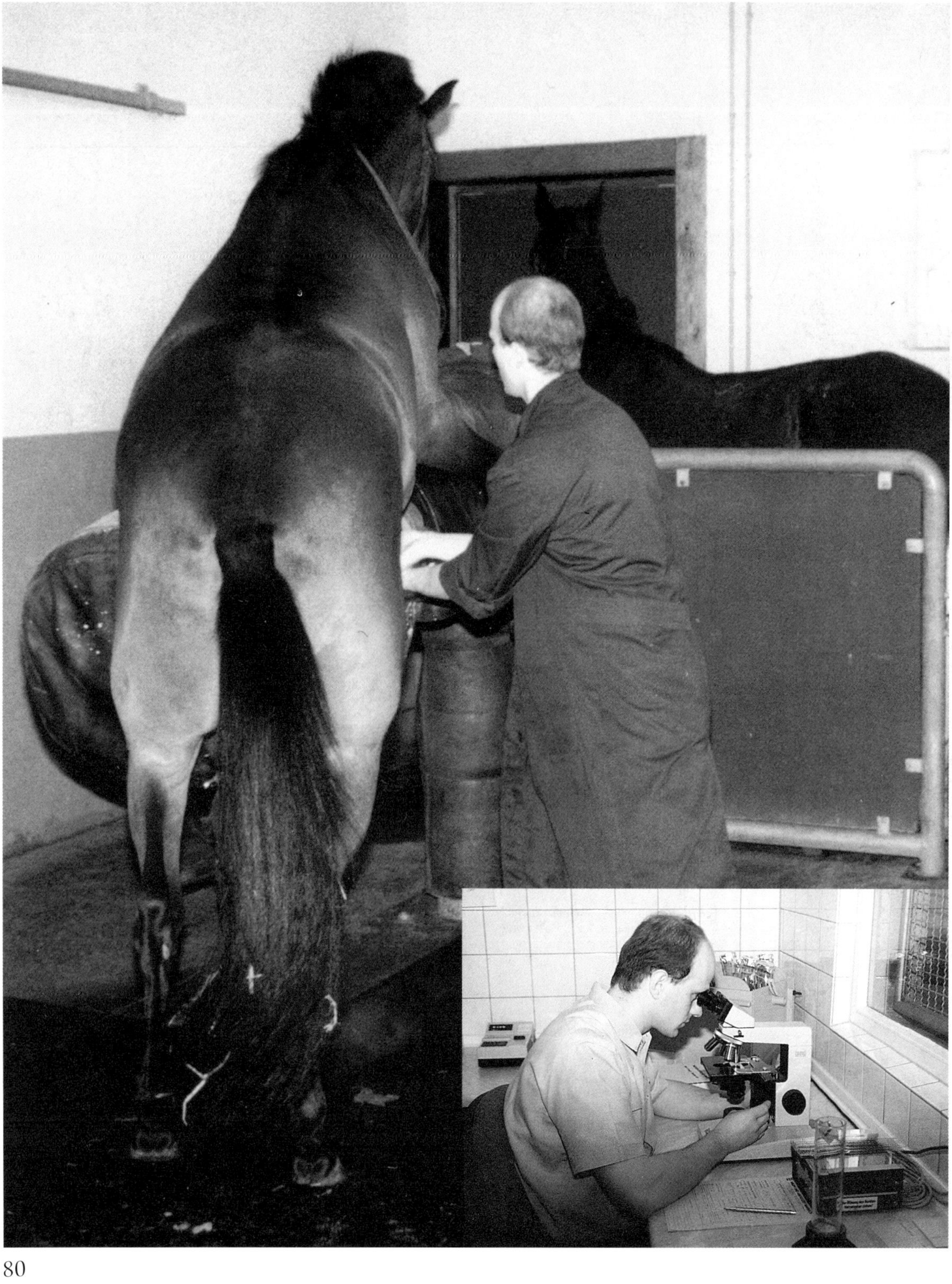

Etwa 650 Teilnehmer werden während des ganzen Jahres in zwei- bis dreiwöchigen Lehrgängen vom Anfänger bis zum Fortgeschrittenen im Reiten aus- und fortgebildet. Mit dem Erwerb des ehemaligen Pferdezentrums des baden-württembergischen Pferdezuchtverbandes durch das Haupt- und Landgestüt steht nunmehr diese Halle mit den entsprechenden Stallungen ausschließlich der Reitschule zur Verfügung. Von Bedeutung sind die Lehrgänge für Amateurausbilder und die überbetrieblichen Lehrgänge im Beruf des Pferdewirtes.

In den letzten Jahren hat die Zuchtmethode der künstlichen Besamung an Bedeutung gewonnen. Jede einzelne Samenportion wird gründlich unter dem Mikroskop untersucht. Neben anderen Merkmalen müssen mindestens 500 Millionen lebender Spermien mit entsprechender Beweglichkeit in jeder Portion vorhanden sein. Dies gewährleistet ein hohes Befruchtungsergebnis bei den zu besamenden Stuten. Die Hengste samen auf dem Phantom ab.

6 Juni Gestütsmuseum

1987 wurde das Gestütsmuseum in der frühgotischen Klosterkirche aus dem zwölften Jahrhundert in Offenhausen eingerichtet. Diese kulturell bedeutende Einrichtung entstand im Zusammenwirken zwischen dem Land, der Gemeinde und dem auf privater Basis tätigen Museumsverein. Seit der Säkularisation zu Beginn des neunzehnten Jahrhunderts war die schlichte Klosterkirche des ehemaligen Dominikanerinnenklosters Maria Gnadenzell als Lager und Scheune zweckentfremdet worden. Es war sowohl das Anliegen des Museumsvereins als auch der Gestütsleitung, dieses historisch wertvolle, gut erhaltene Gebäude einer adäquaten Nutzung zuzuführen. In verhältnismäßig kurzer Zeit wurde nach der Renovierung der Kirche das Museum mit vorhandenen Exponaten und Leihgaben eingerichtet. Im Erdgeschoß wird die über 400jährige Geschichte des Haupt- und Landgestütes Marbach anhand von Bildern und Dokumenten dargestellt. Prachtvolle Kutschen, Schlitten, Geschirre und Sättel sind zu sehen. Ebenso werden die Handwerksberufe um das Pferd wie Hufschmied, Sattler und Wagner vorgestellt. Videoschauen zeigen aktuelle und historische Filme. Im Obergeschoß des Museums sind Dokumente zur Gestütsgeschichte, zur Geschichte der Bettelorden und zur Nutzung der Klöster nach der Reformation ausgestellt. Die Räume werden auch für Kunstausstellungen, die sich mit Marbach und seinen Pferden befassen, benutzt. Seit seinem Bestehen findet das Museum bei den Besuchern eine gleichbleibend gute Resonanz.

Mitte bis Ende Juni werden die Hengste von den staatlichen Beschälplatten zurückgeholt. Vier bis fünf Monate im Jahr verbringen die Gestütwärter getrennt von ihren Familien auf einer dieser Stationen in Baden-Württemberg. Sie haben drei bis vier Hengste zu betreuen und bilden in den jeweiligen Orten einen liebgewordenen, traditionsreichen Anblick, wenn sie die Hengste bei der täglichen Arbeit bewegen.

Die Beschälplatten im Lande, insbesondere im württembergischen Landesteil, weisen eine lange Tradition auf. Die ältesten wie Waldsee, Vaihingen, Ellwangen, Zogenweiler bestehen seit über 100 Jahren. Träger dieser Einrichtungen sind die Landkreise und Gemeinden, welche die Gebäude zur Verfügung stellen. Auf allen Stationen können Stuten untergestellt werden. Die Zahl der Beschälplatten im Lande wird jeweils der Nachfrage angepaßt. Im Vergleich zu früher, als die Stuten zur Deckstation geritten oder im Gespann gefahren wurden, ist heute nicht mehr ein so enges Netz notwendig.

Den Mittelpunkt des Gestütshofes Offenhausen bildet die im 12. Jahrhundert erbaute frühgotische Klosterkirche. Seit 1812 wurde sie nur noch als Lagergebäude genutzt. Nach gründlicher Renovierung des Gebäudes durch das Land konnte 1987 in diesem historisch wertvollen Gebäude das Gestütsmuseum durch den Museumsverein »Klosterkirche e.V.« eingerichtet werden.

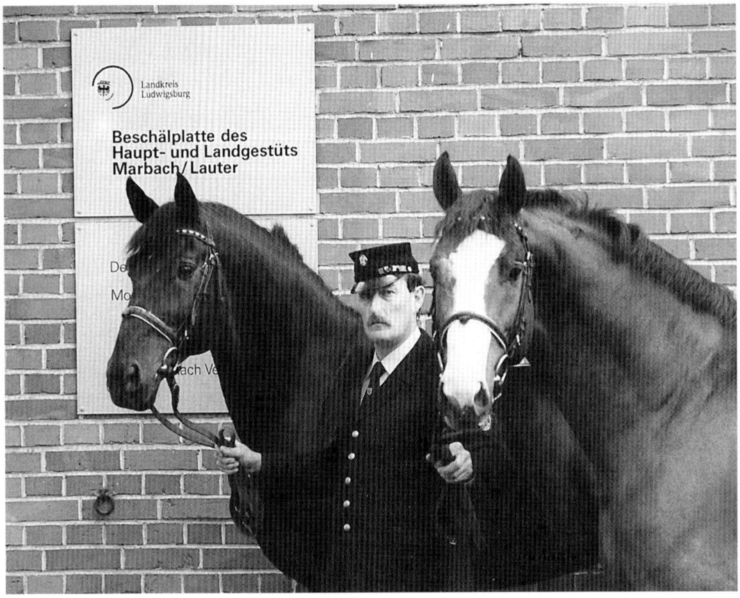

Neben den Deckstationen in Marbach, Offenhausen und St. Johann werden 1996 weitere zwanzig Stationen, auch »Beschälplatten« genannt, mit Hengsten des Haupt- und Landgestütes beschickt. Von Februar bis Juli sind die Hengste und ihre Betreuer dort stationiert. Die Beschälplatte in Vaihingen/Enz gehört zu den ältesten Einrichtungen dieser Art; sie ist seit über 125 Jahren in Betrieb.
Vor jeder Bedeckung wird die Stute »abprobiert«, um den Hengst nicht zu gefährden. Die Stute läßt sich nur zum Zeitpunkt des Eisprungs, wenn sie rossig ist, decken. Über die Bedeckungen wird ein sogenanntes Deckregister geführt, in dem alle Sprünge verzeichnet sind.

Eine Sammlung wertvoller historischer Kutschen beherbergt das Gestüt. Einige sind im Gestütsmuseum ausgestellt, andere sind aus Platzgründen für die Öffentlichkeit nicht zugänglich. Die Wagen gehören entweder dem Land oder sind Leihgaben von Adelshäusern aus Baden-Württemberg. Alle Kutschen sind fahrbereit und werden zum Beispiel bei Hengstparaden oder anderen Veranstaltungen mit den entsprechenden Anspannungen gezeigt. Eine Rarität ist das goldplatierte Geschirr aus dem württembergischen Königshaus.

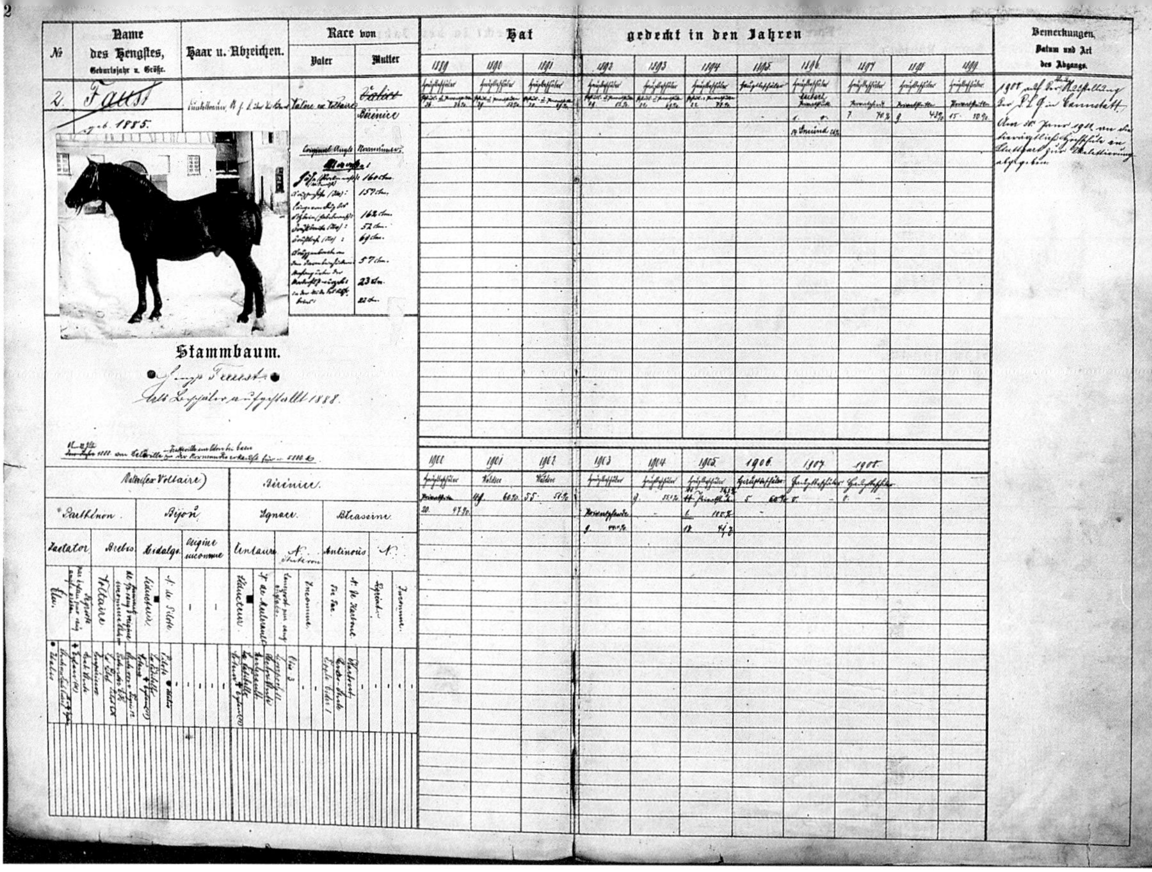

№	Name des Hengstes, Geburtsjahr u. Größe	Haar u. Abzeichen	Race von Vater	Race von Mutter	Hat gedeckt in den Jahren	Bemerkungen, Datum und Art des Abgangs
2.	Faust geb. 1885.	[illegible]	Voltaire	Bérénice	1889 · 1890 · 1891 · 1892 · 1893 · 1894 · 1895 · 1896 · 1897 · 1898 · 1899 · 1900 · 1901 · 1902 · 1903 · 1904 · 1905 · 1906 · 1907 · 1908	1908 [illegible] Cannstatt [illegible]

Stammbaum.

Voltaire · Bérénice

Parthénon · Bijou · Ignace · Blaisine

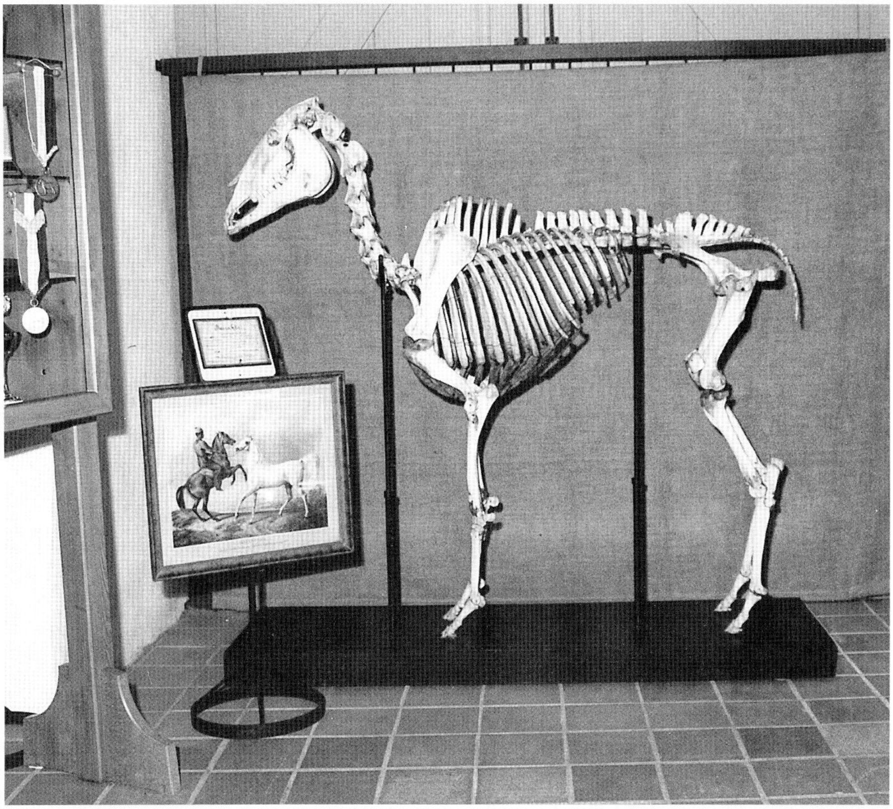

Beinahe 200 Jahre wurde die baulich bedeutende Klosterkirche als Lagerraum genutzt, nun werden dort auf Tafeln und Darstellungen die Geschichte des Haupt- und Landgestütes und der Pferdezucht in Baden-Württemberg dargestellt.
Eine Einmaligkeit ist das Originalskelett des Vollblutaraberhengstes »Bairactar«, geboren 1814, der von seinem dritten bis vierundzwanzigsten Lebensjahr als Hauptbeschäler in der Königlich Württembergischen Vollblutaraberzucht in Weil eingesetzt war.
Dieses Exponat ist eine Leihgabe der Universität Hohenheim.
Im Archiv des Gestüts sind die handgeschriebenen Hengst- und Stutbücher verwahrt, die Aufschluß über die Abstammungen geben. Heute werden die Register mit Hilfe der EDV geführt.

Der Trakehnerhengst »Herzbube« hat sich über seine Söhne wie »Helikon«, von dem das internationale Springpferd »Hanauer« mit Michael Whitaker und Robert Smith abstammt, und verschiedene Stuten wie die »Gardez«-Mutter »Herzblatt« in der Zucht des Haupt- und Landgestütes einen besonderen Namen gemacht. So war es naheliegend, den »Herzbube«-Sohn »Hyalit« aus der »Hymnia« von »Impuls« in der Zucht im Lande und im Hauptgestüt einzusetzen. Seit 1992 ist er in Baden-Württemberg aufgestellt, nachdem er zuvor ausschließlich als Privathengst in der Trakehnerzucht eingesetzt war.

Nostalgische Bilder erinnern an die Verwendung der Hengste bei der Einbringung der Heuernte. Die Arbeit der Hengste stellte eine fortwährende Leistungsprüfung dar. Nur diejenigen, welche die Anforderungen an Arbeitswilligkeit, Wesen und Temperament täglich erfüllten, verblieben im Bestand. Meistens wurden die Hengste vom Sattel aus gefahren, daher auch die Begriffe »Sattelpferd« für das links gehende Pferd im Gespann und »Handpferd« für das rechte Pferd.

7 Juli Vollblutaraberzucht

Marbach ist das einzige staatliche Gestüt in Deutschland, das sich mit der Zucht von arabischen Vollblutpferden befaßt. Es erfüllt damit nicht nur eine wichtige züchterische, sondern auch eine kulturhistorische Aufgabe. Marbacher Vollblutaraberpferde sind ein Begriff und bilden einen ständigen Anziehungspunkt für Liebhaber dieser ältesten Kulturrasse überall auf der Welt.

Durch »allerhöchstes Decret vom 30.9.1817« wurde die Domäne Weil bei Esslingen am Neckar zum königlichen Privatgestüt Wilhelms I. von Württemberg erklärt. Der »rex agricolorum«, der die landwirtschaftliche Tierzucht seines Landes besonders förderte, war auch ein passionierter Pferdezüchter. In den napoleonischen Feldzügen lernte er die Treue, Härte und Genügsamkeit des arabischen Pferdes kennen und schätzen. Der 1814 geborene Hengst »Bairactar«, der bis zu seinem 24. Lebensjahr im Einsatz war, legte die Grundlage für die auch im vorigen Jahrhundert schon bedeutende Weiler Vollblutaraberpferdezucht. Der Hengst »Amurath«, ein Sohn von »Bairactar«, beeinflußt die Vollblutaraberpferdezucht insbesondere in Osteuropa, aber auch in vielen Warmblutzuchten Deutschlands bis heute.

1932 konnte das Königlich Württembergische Gestüt Weil nicht mehr gehalten werden. In der damaligen Wirtschaftskrise übernahm das Land Württemberg das züchterische und kulturelle Erbe der damals schon 115 Jahre alten Araberedelpferdezucht und gab ihr auf den Höhen der Schwäbischen Alb in Marbach eine neue Heimat.

Die Weil-Marbacher Vollblutaraberpferdezucht feiert 1997 ihr 170jähriges Bestehen. Die Marbacher Vollblutaraberzucht führt ein eigenes Stutbuch, das 1817 gegründete Stutbuch Weil-Marbach. Marbach ist Einzelmitglied der WAHO (World Arabian Horse Organisation), in der weltweit über fünfzig Länder zusammengeschlossen sind. Vollblutaraberpferde aus Marbach haben die Zucht in vielen Ländern beeinflußt. So wurden in den letzten Jahren über zwanzig Pferde in die Vereinigten Arabischen Emirate exportiert. Gerade in diesen Ursprungsländern der Arabischen Pferde besinnt man sich wieder auf das eigene kulturelle Erbe.

Die Vollblutaraberpferdezucht ist nicht nur Selbstzweck in der Reinzucht dieser ästhetisch so herausragenden Pferde, sie ist auch, wie durch Generationen hindurch nachgewiesen, dazu da, den Landespferdezuchten das arabische Erbe der Leistungsbereitschaft, Härte, Schönheit und Intelligenz anzubieten.

Die »Hadban«-Tochter »Dschadaah« errang 1987 anläßlich des Vollblutaraber-Weltchampionats in Paris den Titel »World-Champion« gegen stärkste internationale Konkurrenz. Mütterlicherseits geht sie auf die Weiler Stutenfamilie der »Murana I«, 1808, zurück.

Einen deutlichen Beweis für den nachhaltigen Einfluß der Stutenfamilien liefert die Familie der »Murana I«, die bis heute in der Marbacher Vollblutaraberzucht mit etwa elf Stuten vertreten ist. Sie geht auf die 1816 importierte Stute »Murana« zurück und ist heute die älteste noch vorhandene europäische Vollblutaraberstutenfamilie. Von unterschiedlichen Vätern abstammend, ist dennoch eine starke Ähnlichkeit bei den Stuten erkennbar.
Nachhaltigen Einfluß auf die Vollblutaraberzucht hat der Hengst »Hadban-Enzahi« (unten links) von »Nazeer« genommen, der über zwanzig Jahre im Zuchteinsatz war. Er wurde 1955 aus dem ägyptischen Gestüt El Zahraa importiert.
»Motassem« (unten Mitte), geboren 1985, hat den ägyptisch gezogenen, vom Arabergestüt Ansata der Judith Forbiss stammenden »Halim-Shah« zum Vater. Er hat vielversprechende Nachkommen gestellt.
Eng hält sich das Fohlen an seine Mutter. Durch die Anlehnung fühlt sich das Fohlen sicher.

Eine ganz besondere Pferdepersönlichkeit war der Hengst »Saher«, geboren 1967, von »Ghazal« aus der »Sahmet« von »Hadban«. Er stellt das klassische Schönheitsideal des arabischen Pferdes dar. Hinzu kamen seine Sanftmut und Klugheit. 1974 hatte er sich das linke Kronbein anläßlich einer Schauvorführung gebrochen. Trotzdem war er bis 1987 im Zuchteinsatz.
Wie keine andere Pferderasse haben sich die Vollblutaraberpferde in ihrem Rassetyp und Aussehen über 170 Jahre hinweg nicht geändert. Gemälde und Darstellungen der Weiler Pferde aus dem vorigen Jahrhundert legen hierfür beredtes Zeugnis ab.

Die Vollblutaraberpferdezucht pflegt enge internationale Beziehungen, wie zum Beispiel bei der Schau in Qatar. Scheich Abdel-Aziz Al Thani hat die Stute »Noha« anläßlich seines Besuches in Marbach für eine Bedekkung gepachtet. Aus der Anpaarung mit »Salaa El Dine« wurde 1995 ein wertvolles Stutfohlen mit Namen »Farida« geboren, das die Marbacher Zucht am Persischen Golf vertritt.
Bei den Hengstparaden werden die Vollblutaraberhengste unter dem Reiter in der arabischen Gandora vorgestellt. Der schwarze Edelstein »Gharib«, der 1970 aus dem ägyptischen Gestüt El Zahraa importiert wurde und zwanzig Jahre in der Zucht wirkte, begeisterte dabei immer ganz besonders.
170 Nachkommen wurden in den Stutbüchern der Vollblutaraberzucht registriert.

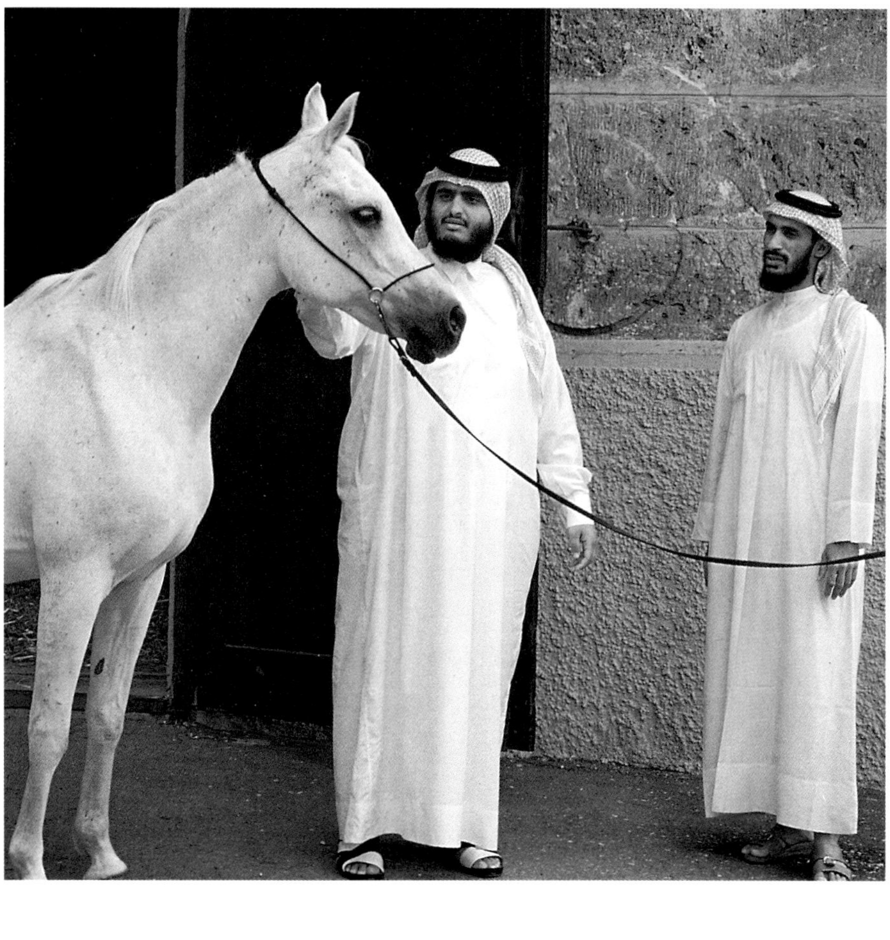

112

Drei »Saher«-Töchter, »Morgana«, »Sadana« und »Samia«, verkörpern den Weil-Marbacher Vollblutarabertyp. Der Hengst »Hadban« (rechts oben) hat die Vollblutaraberzucht nach dem Zweiten Weltkrieg geprägt. Er war von 1956 bis 1975 im Zuchteinsatz.
Den »Hadban«-Töchtern sieht man die Ähnlichkeit mit ihrem Vater, der sich so durchschlagend vererbt hat, an.

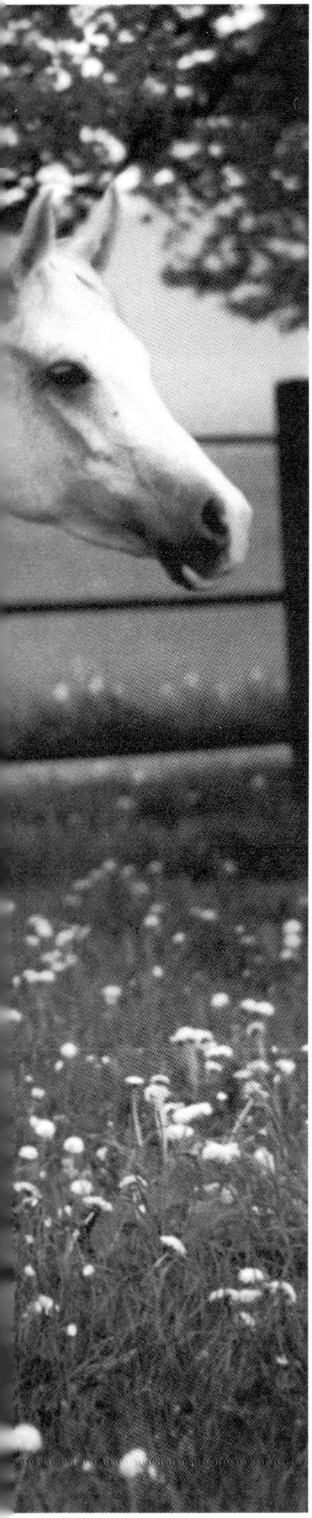

Eine sehr mütterliche Stute ist die auf den Hengst »Saher« ingezogene »Sadana«. »Sahers« Mutter, die bedeutende »Sahmet«, ist ihre Großmutter sowohl väterlicher- als auch mütterlicherseits. »Noha«, »Gharib« und »Dschunaid« zeigen in unterschiedlicher Weise die für das arabische Pferd so typische, deutlich markierte Kopfform, kurzes Maulteil, breite Stirn und große Nüstern.

8
August Hengstfohlen

»Für Pferde ist unter natürlichen Bedingungen der soziale Verband lebenserhaltend. Alleinsein ist für sie wesensfremd. Darauf ist insbesondere in der Aufzucht Rücksicht zu nehmen. Pferde fühlen sich nur in Gesellschaft von Artgenossen oder von anderen Lebewesen, die sie als Partner akzeptieren, sicher. Einem Pferd außerhalb eines Herdenverbandes Sicherheit zu vermitteln, bedarf ständiger und geduldiger Zuwendung.«

Diese Leitsätze wurden 1992 von Prof. Dr. Zeeb von der Arbeitsgruppe Tierschutz und Pferdesport veröffentlicht. In Marbach werden diese Leitlinien seit langer Zeit erfüllt, da dort die Pferde schon immer in der großen Herde aufgezogen werden. Sechzig bis siebzig Hengstfohlen der verschiedenen Rassen, Warmblüter, Vollblutaraber, Schwarzwälder Füchse, werden pro Jahrgang gemeinsam im Laufstall und auf der Weide in Offenhausen und Güterstein aufgezogen. Bei den Warmblutfohlen wird die Hälfte des Jahrgangs, etwa zwanzig bis dreißig Tiere, als Hengstanwärter im Lande angekauft. Die andere Hälfte besteht aus den Nachkommen der hochwertigen Stuten des Hauptgestütes. Insgesamt werden etwa fünfzig Warmbluthengstfohlen pro Jahrgang aufgezogen. Die Vollblutaraber stammen ausschließlich aus der eigenen Stutenherde, im Jahresdurchschnitt sind es bei dieser Rasse etwa zehn Hengstfohlen. Vier bis fünf Kaltbluthengstanwärter werden aus dem Schwarzwälder Zuchtgebiet angekauft. Die Herde wird in zwei Abschnitten zusammengestellt. Die früher im Jahr geborenen Fohlen kommen im August, die später im Jahr geborenen im September zur Herde. Im Herdenverbund bildet sich bald eine feste Gemeinschaft. Danach ist es kaum noch möglich, ein einzelnes Fohlen zu integrieren. Die Fohlen schließen untereinander bald bestimmte Freundschaften. Die gegenseitigen Sympathien oder Antipathien sind nicht rassebedingt, allerdings halten die Schwarzwälder meistens zusammen. Bei Araberfohlen werden häufig Führungs- und Leitfunktionen innerhalb der Herde beobachtet. Die Fohlen kommen während des ganzen Jahres auf die Weide. Bei schlechter Witterung werden sie in den Rundlauf, auch Zirkel genannt, gebracht. Die Fütterung von Heu, Grassilage und Kraftfutter erfolgt im Stall. Hierzu werden die Fohlen angebunden, um Kämpfe, die durch den natürlichen Futterneid verursacht würden, zu vermeiden. Bis zum Alter von drei Jahren bleiben die Hengste eines Jahrgangs im Laufstall und auf der Weide zusammen. Aufgrund dieser naturgemaßen Art der Haltung können sich die Pferde gesund entwickeln.

Schon viele Pferdegenerationen sind im Schutz der ausladenden Weidebuchen herangewachsen. Sie bieten den Pferden Unterstand bei jeder Witterung. Der Bestand, der mehr als tausend Weidbäume alleine in Marbach ist einzigartig in Baden-Württemberg und trägt zum Reiz der parkartigen Landschaft bei.

Bis zum Alter von drei Jahren werden die Hengstfohlen gemeinsam aufgezogen und erfreuen sich ihrer Jugend. Spielerisch stellen sie die Rangordnung in der Herde her. Diese Kämpfe können bei den Dreijährigen schon heftiger werden. Allerdings gibt es keine ernsthaften Verletzungen. Die Pferde lernen, sich in einer bestimmten sozialen Rangordnung zu behaupten. Das wirkt sich positiv in der späteren Ausbildung aus.

Der Vollblüter »Chinatown« ist leider viel zu früh abgegangen. Einer seiner bedeutendsten Nachkommen ist der Trakehnerhengst »Lichtenstein«, der von der »Pregel«-Tochter »Liga« stammt, die ihrerseits allein vier gekörte Hengste gestellt hat. »Lichtenstein« hat die Hengstleistungsprüfung 1991 mit 118 Punkten sehr erfolgreich absolviert. In der Decksaison 1996 wurde er im Tausch mit dem Vollbluthengst »Wilder Kaiser« an das bayerische Haupt- und Landgestüt Schwaiganger verpachtet.

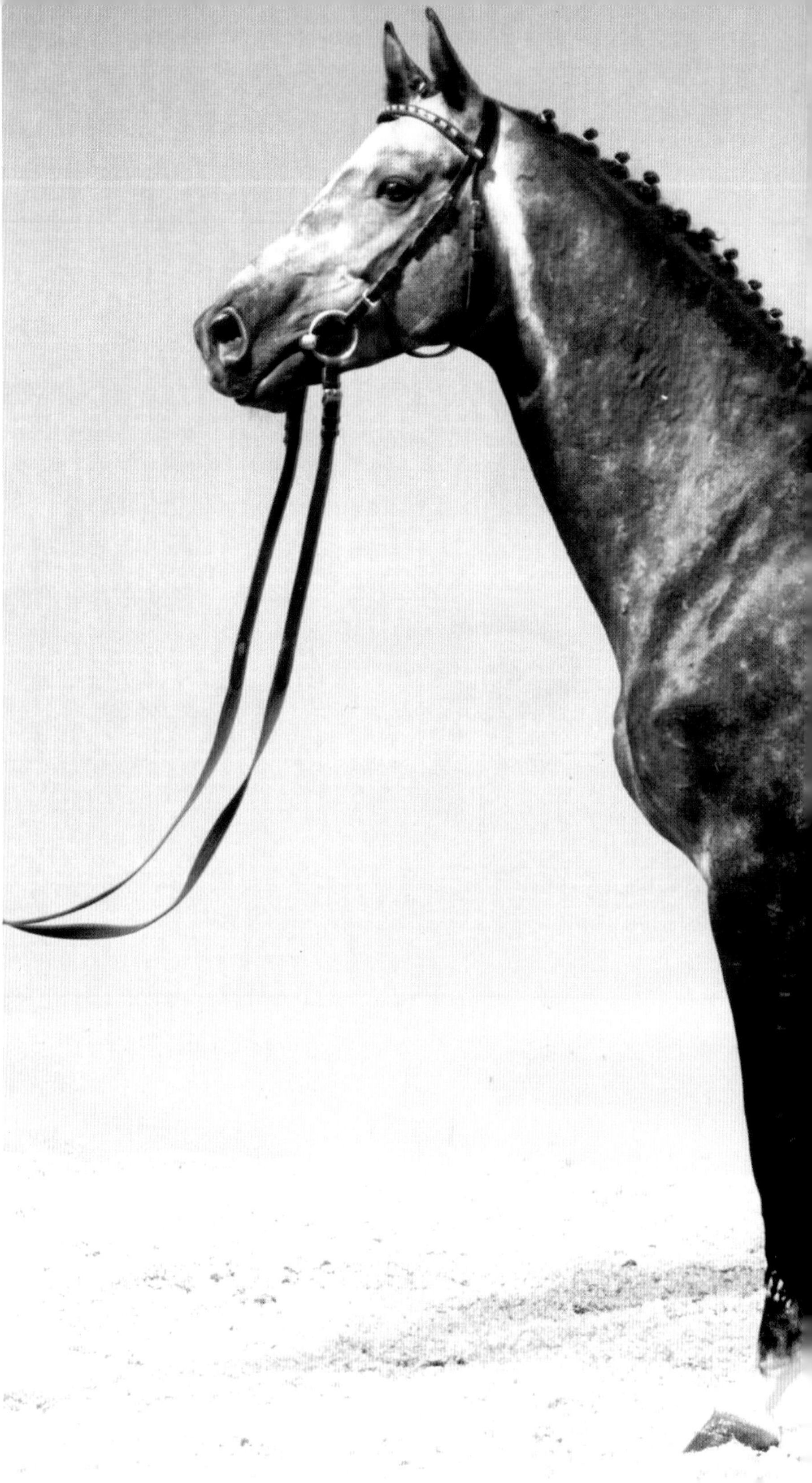

Im August findet die gestütsinterne Musterung und Auswahl der zweieinhalbjährigen Hengste statt. Ein Teil wird kastriert und über die Auktion im Februar versteigert. Die anderen absolvieren im darauffolgenden Jahr ihre Hengstleistungsprüfung.
Der Hof in Güterstein eignet sich besonders gut für die Vorstellung. Auch die Schwarzwälder Kaltblüter werden im Freilaufen gemustert. Alle Warmbluthengste werden neben der Reitausbildung auch gefahren. Die Vorstellung im Traberwagen, bei dem die Pferde keine gegenseitige Anlehnung wie beim Zweispänner haben, ist ein guter Prüfstein für Wesen, Charakter und Temperament der Hengste. Die natürlich vorhandenen Grundgangarten Trab und Schritt lassen sich hierbei ebenfalls prüfen. Der zuchtbewährte Hannoveraner Hengst »Pikfein« zeigt sich im schwungvollen, energischen Trab vor dem Sulky.

Marbach ist der Austragungsort für Fahrkonkurrenzen bis zur schwersten Klasse. Veranstalter ist die Fahrsportgruppe Marbach. Die Wasserdurchfahrt am »Wolfgangsee« ist eines der zu bewältigenden Hindernisse.
In Harmonie und Gleichmaß gehen die Vollblutaraberstuten im Fünferzug in der ungarischen Sielenanspannung an den Leinen von Fahrmeister Dieter Groß.
Willi Schöttle stellte den in Marbach erworbenen »Ascett« beim Bundeschampionat 1995 in Warendorf im Finale erfolgreich vor.

Auch nach der Hengst- und Stutenleistungsprüfung werden die Pferde weiter in der Dressur und im Springen ausgebildet. Sobald die Stuten trächtig sind oder Fohlen bei Fuß haben, werden sie nicht mehr gearbeitet.
Über dem Natursprung der Hengst »Glückskreis« von dem französischen Hengst »Girond«. Er ist in der Stutenherde des Gestüts aus der Stute »Wendemarke« gezüchtet.
Schwungvolle, taktreine Bewegungen aus einer aktiven Hinterhand zeigt die Stute »Anisa« von »Anselm«.

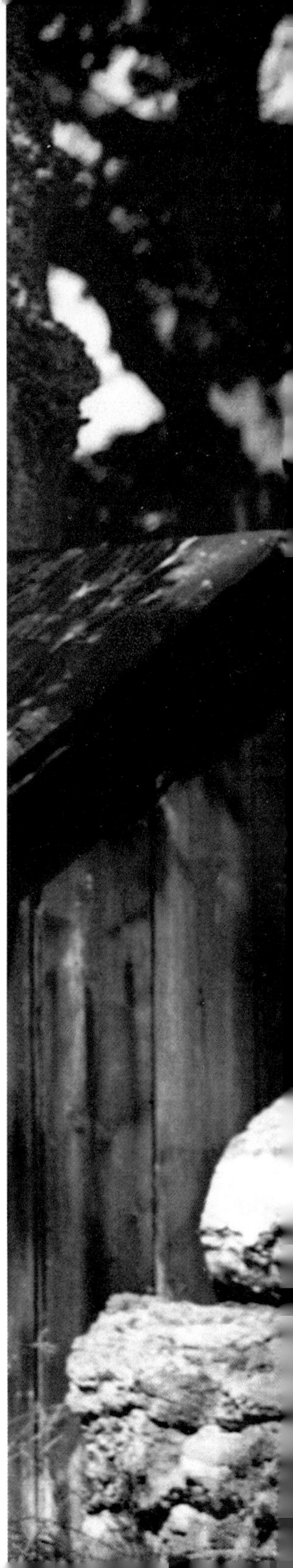

9

September Hengstleistungsprüfung

In allen Bereichen der landwirtschaftlichen Tierzucht spielen die Leistungsprüfungen im Hinblick auf eine dem jeweiligen Zuchtziel entsprechende erfolgreiche Selektion eine wichtige Rolle. Während es sich bei anderen Tierarten meistens um objektiv meßbare Eigenschaften handelt, ist die Leistungsprüfung bei Pferden von Fremdeinflüssen durch den Reiter, dem Ausbildungsstand und anderem mehr abhängig. Die Erblichkeitsgrade der Leistungseigenschaften der Pferde liegen nur bei zwanzig bis dreißig Prozent. Erst seit Beginn der siebziger Jahre findet die Leistungsprüfung der dreieinhalbjährigen Warmbluthengste und der viereinhalbjährigen Vollblutaraberhengste in der jetzigen Form in Deutschland statt. Danach besteht die Stationsprüfung der Hengste aus der Vorprüfung und dem abschließenden Leistungstest. Sie dauert derzeit mindestens hundert Tage und wird ohne Unterbrechung durchgeführt. Dabei werden die Reiteignung für Dressur, Springen und Gelände, die natürlich vorhandenen Grundgangarten im Schritt, Trab und Galopp sowie Charakter, Temperament und Leistungsbereitschaft bewertet und geprüft.

Die Bewertung erfolgt durch den Ausbildungsleiter, die Bereiter, eine Richterkommission sowie durch Fremdreiter, welche die Hengste selbst reiten. Durch die Vielzahl von Noten soll ein möglichst objektives Ergebnis für jeden Hengst erzielt werden. Die Leistungseigenschaften werden mit verschiedenen Faktoren unterschiedlich gewichtet. Das Prüfungsergebnis des einzelnen Hengstes wird in Bezug zu den Gefährten seiner Prüfungsgruppe gesetzt. Seit 1994 gibt es getrennte Gruppen für Warmblut- und Araberhengste. Die Mindestanzahl für eine Gruppe sind fünfzehn Teilnehmer.

An der gesetzlich vorgeschriebenen Hengstleistungsprüfung nehmen gestütseigene und private Hengste teil, die aus ganz Deutschland sowie aus dem benachbarten Ausland kommen. Die Leistungsprüfungen sollen eine möglichst frühzeitige Information über das Leistungsvermögen der Hengste, entsprechend ihrem Alter liefern, ohne sie zu überfordern. Es sollen nur die von Natur aus vorhandenen Eigenschaften und nicht der Ausbildungsstand geprüft werden.

Auch die Kaltblut- und Haflingerhengste müssen eine Leistungsprüfung ablegen. Hier werden vorwiegend Zugwilligkeit und Ausdauer, bei den Haflingern auch die Reiteignung geprüft. Voraussetzungen für den Einsatz in der Zucht bei Hengsten aller Rassen sind immer überdurchschnittlich abgelegte Leistungsprüfungen.

Bei der Hengstleistungsprüfung der dreieinhalbjährigen Junghengste jeweils im September spielen die Springmanier und das Galoppiervermögen im Gelände eine entscheidende Rolle. Dieser Prüfungsteil kommt den jungen Pferden mit ihrem Vorwärtsdrang besonders entgegen.

Von großer Bedeutung bei der Durchführung der Leistungsprüfungen ist es, daß natürlich vorhandene Merkmale des Hengstes und nicht die Ausbildung bewertet und geprüft werden. Deshalb auch das junge Alter von drei bis vier Jahren der Prüflinge. Im Vergleich hierzu wird bei Turniersportprüfungen die Ausbildung des einzelnen Pferdes stärker gewichtet. Durch die Prüfung über einen längeren Zeitraum von derzeit hundert Tagen wird dem einzelnen Pferd im Vergleich zu seinen Altersgefährten mehr Gerechtigkeit zuteil. Die Anfänge der objektivierten Hengstleistungsprüfung liegen zu Beginn der dreißiger Jahre im ostpreußischen Zwion und im niedersächsischen Westercelle. In Marbach werden Hengstleistungsprüfungen auf Reiteigenschaften oder Zugleistung seit den fünfziger Jahren durchgeführt.
Neben der Eigenleistung der Hengste wird auch die Leistungsfähigkeit der Nachkommen festgestellt. Hierzu werden die Ergebnisse der Pferde aus dem Turniersport herangezogen. Leistungen der Vorfahren, Eigenleistung und Leistungen der Nachkommen werden zu einem Zuchtwert des Hengstes, ausgedrückt in Indexpunkten, zusammengefaßt. Alle diese Maßnahmen haben in den letzten Jahren zu einer deutlichen Verbesserung der Leistungseigenschaften innerhalb der Pferdezucht geführt.

Die Kaltbluthengste legen ihre Hengstleistungsprüfung im Zug ab. Hier wird der Zugwiderstand unter Berücksichtigung ihres Körpergewichtes vor dem Zugschlitten gemessen.
Vielfältig ist die Geländestrecke der Hengstleistungsprüfung, die über 3500 Meter geht. Der Ritt durch das Wasser stellt Anforderungen an den Gehorsam der jungen Pferde. Er sorgt auch für die Abkühlung der Sehnen.

MARBACH
31
31

Der Hengst »Fleiner« wurde als Hengstfohlen 1986 im Alter von fünf Monaten angekauft und in der Hengstherde des Gestütes aufgezogen. Die Hengstleistungsprüfung absolvierte er 1989. Seit dieser Zeit ist er als Landbeschäler auf verschiedenen Stationen eingesetzt. Seine väterliche und mütterliche Abstammung über »Flirt« und »Grande« prädestinieren ihn zum Sportler. So wird er jeweils nach der Decksaison von Ausbildungsleiter Helmut Hartmann in Springprüfungen der Klasse M und S erfolgreich vorgestellt.

Ein optischer und ästhetischer Genuß für alle Pferdefreunde ist immer wieder die freilaufende »silberne Herde« der Marbacher Vollblutaraberstuten. Frei und natürlich bewegen sie sich im synchronen Bewegungsablauf. Ein Schaubild, das nicht nur bei der Hengstparade, sondern auch bei anderen Veranstaltungen wie zum Beispiel dem Internationalen Reitturnier in der Stuttgarter Schleyerhalle das Publikum begeistert.

Im September ist die Zeit der Zusammenstellung der Hengstfohlen. Noch fühlen sie sich verlassen, sind sie doch vor kurzem von den Müttern getrennt worden. Aber schon bald schließen sie Freundschaften in der großen Hengstfohlenherde von etwa sechzig Tieren.

10

Oktober Hengstparaden

Am 16. Dezember 1925 fand im Gestütshof Offenhausen erstmals eine »Vorführung der Hengste« statt. Dies waren die ersten Hengstparaden des damaligen Württembergischen Landgestüts Marbach. Aus einem zeitgenössischen Bericht geht hervor, daß 800 bis 1000 Interessenten die Vorführungen verfolgten. Erst Ende der fünfziger Jahre wurden die Hengstparaden vom Winter, kurz vor der Beschälsaison, auf den Herbst verlegt. Früher dienten diese Veranstaltungen ausschließlich dazu, den Pferdezüchtern im Lande einen Überblick über den Hengstbestand zu geben und ihnen die Wahl, welchen Hengst sie für Ihre Stute aussuchen sollten, zu erleichtern. Heute sind aus diesen ehemals ausschließlich der Pferdezucht dienenden Hengstvorführungen attraktive, spektakuläre, ein breites Publikum anziehende Schauereignisse geworden. An zwei Wochenenden jeweils, Ende September und Anfang Oktober, findet dieses große Fest des Pferdes statt und zieht 50000 bis 60000 Besucher an. Marbacher Hengstparaden, dieser Begriff steht nicht nur für Sport, Spannung und Spiel, sondern auch für Schönheit, Eleganz und Rasse. In allen deutschen Landgestüten haben die Hengstparaden eine lange Tradition. Jede dieser Veranstaltungen hat ihre ganz eigene Atmosphäre und ihren besonderen Reiz. In anderen europäischen Gestüten gibt es nichts Vergleichbares. Als Hauptgestüt mit einer eigenen Warmblut- und Vollblutaraberstutenherde werden bei den Marbacher Veranstaltungen nicht nur die Hengste in ihren verschiedenen Einsatzbereichen, sondern als besondere Attraktion auch die Stuten und Fohlen des jeweiligen Jahrgangs vorgestellt. In mehr als zwanzig rasch aufeinanderfolgenden Schaubildern wird die vielfältige Verwendung der Pferde als Sport- und Freizeitpartner der Menschen gezeigt. Aber auch historische Darstellungen wie besondere festliche Anspannungen mit prunkvollen Wagen, Geschirren und Livreen oder die einstige Arbeit des Pferdes in der Landwirtschaft finden viel Interesse beim Publikum. Höhepunkte bilden die »silberne Herde« der freilaufenden Araberstuten und die festliche Quadrille mit 24 Warmbluthengsten. Rund dreieinhalb Stunden dauert das Veranstaltungsprogramm, das seit 1993 von der Stadtkapelle Münsingen, die sich dem Rhythmus und Ausdruck der Pferdeschaubilder anpaßt, begleitet wird. 1978 wurde das Reitstadion, das 110 Meter lang und 60 Meter breit ist, erbaut. Von allen Plätzen der festen Tribünen aus besteht gleich gute Sicht.

Herbstzeit ist Hengstparadenzeit. Die herbstlich gestimmte Alblandschaft bietet eine reizvolle Kulisse für die Veranstaltungen, die an zwei Wochenenden 50 000 Besucher in ihren Bann ziehen. Ein attraktives Schaubild ist die ungarische Post mit den wuchtigen Schwarzwälder Hengsten. Diese Darbietung erfordert Mut und artistisches Geschick von den Gestütwärtern.

Einst, in den zwanziger Jahren, wurden die Hengstparaden im Februar durchgeführt. Die Züchter sollten einen Eindruck von den Hengsten bekommen, bevor diese auf die Deckstationen ausrückten. Der Vorführring war der Hof in Offenhausen um die Kirche herum. Auch damals schon wurden die Hengste in den verschiedenen Verwendungszwekken, unter dem Reiter, an der Hand oder im Gespann, wie hier bei dem Sechserzug mit Warmbluthengsten, gezeigt.

SWF SÜDWESTFUNK

Die Hengstparaden zeigen die verschiedenen Verwendungszwecke der Hengste. Die Vielfalt der Bilder und die schnelle Abfolge der Schaunummern machen den besonderen Reiz der Hengstparaden aus. Ein nostalgisches Schaubild sind die Warmbluthengste in festlicher Anspannung. Goldplatierte Geschirre und die historischen Livreen des Hauses Württemberg gehören zu der stilvollen Vorstellung. Römische Kampfwagen erinnern Jahrtausende zurück. Sie zeigen aber auch das Galoppiervermögen der Warmbluthengste. Die Aktionstraber, der schwungvolle, trabende Hengst neben dem galoppierenden Hengst unter dem Reiter, sind eine Marbacher Spezialität. Ein auf vielen Veranstaltungen bekanntes Paar waren der Aktionstraber »Kalman« und der Hengst »Kornett« unter Karl Single.

In den Orient versetzt fühlen sich die Zuschauer durch die Vollblutaraberhengste unter ihren Reitern mit den wehenden Burnussen.

Eine Schaunummer, die viel Training und Einfühlsamkeit voraussetzt, ist die Freiheitsdressur der Vollblutaraberhengste in der Zirkusmanege.

Festlicher Abschluß der Hengstparade ist die große Dressurquadrille mit 24 Warmbluthengsten. Eine Vorstellung, die immer beeindruckt, handelt es sich doch um Zuchthengste, die Rivalen untereinander sind.
Die Bereiter tragen ihre Galauniformen in den Farben Rot und Schwarz, die sich im Aussehen an historischen Vorbildern orientieren. 1992 wurden diese repräsentativen Uniformen mit Unterstützung des Fördervereins Marbach von dem renommierten Uniformschneider Negele in Tübingen angefertigt.

Auf dem schön geschmückten Wagen, gezogen von zwei Schwarzwälder Füchsen, stellt sich die Münsinger Trachtengruppe vor.
Die Fahrschule vom Sattel erfordert absolute Zuverlässigkeit und Vertrauen der Hengste, können sich doch die Vorderpferde leicht jeder Einwirkung entziehen.
Der Schwarzwälder Reigen wird von den Gestütwärterinnen und Gestütwärtern in Schwarzwälder Tracht auf den liebenswerten Dicken geritten.
In der Postkutsche sind vier Warmbluthengste eingespannt. Die Originalpostkutsche und der Postillion erinnern an eine einstmals bedeutende Verwendung der Pferde.

Aus einem hochbewährten Stutenstamm und dem über zwanzig Jahre in der Landespferdezucht und als Hauptbeschäler eingesetzten Trakehnerhengst »Kornett« stammt der Siegerhengst der Hengstleistungsprüfung von 1995, »Assistent«. Der Dressurindex von 141 Punkten ist der objektive Beweis seiner Veranlagung. Sein Großvater mütterlicherseits zählt mit einem Dressurindex von 162 Punkten zu den besten zwanzig Dressurvererbern in Deutschland.
1996 wird der elegante, ausdrucksvolle Hengst, der in der Stutenherde des Hauptgestütes gezüchtet wurde, erstmals über die Besamung in der Zucht eingesetzt. Seine Vollbrüder »Asco« und »Ascett« sind erfolgreiche Turnierpferde.

EUROCARD
MONTAGEN
KÄRCHER
KÄRCHER
LBS LBS LBS LBS

Ein Hengstparaden-Schaubild der Extraklasse ist der Zwölferzug mit Warmbluthengsten in einer seltenen Anspannung. Hohes fahrerisches Können ist für diese Vorstellung, bei der zwölf Hengste so selbstverständlich nebeneinander, miteinander und voreinander in voller Aufmerksamkeit gehen, erforderlich. Gestüthauptwärter Hermann Riesch ist der Fahrer dieses eindrucksvollen Gespannes. Zwölf Leinen, die eine Länge von 120 Metern messen, hat er in den Händen. Stimme und Leinen sind die einzigen Einwirkungsmöglichkeiten.
Eine der schwierigsten Figuren innerhalb der großen Hengstquadrille ist die Mühle. Die Zuchthengste, die von Haus aus Rivalen sind, haben hierbei einen engen Körperkontakt.
Lieblinge der Zuschauer sind immer wieder die Schwarzwälder Füchse, die in der traditionellen »Koppel« der Kaltblüter vorgestellt werden.

11 November Reit- und Fahrausbildung

Die Reit- und Fahrschule am Haupt- und Landgestüt Marbach wurde schon 1929 gegründet und war zunächst in Güterstein beheimatet. Ende der vierziger Jahre wurde sie nach Marbach verlegt und diente der Ausbildung der bäuerlichen Jugend. Die damalige Ausbildung umfaßte sowohl das Reiten als auch das Gespannfahren. Heute sind Reit- und Fahrschule getrennt. Die Reitschule unter der Leitung von Karl Single ist im ehemaligen »Zentrum des Baden-Württembergischen Pferdezuchtverbandes« untergebracht. Fahrmeister Dieter Groß leitet die Fahrschule, die in getrennten Räumen und Stallungen beheimatet ist. Etwa 600 Lehrgangsteilnehmer werden jährlich in zwei- bis dreiwöchigen Lehrgängen im Reiten oder Gespannfahren aus- oder fortgebildet. Das Angebot umfaßt auch überbetriebliche Lehrgänge für Auszubildende im Beruf des Pferdewirtes und solche für Amateurreit- oder Fahrlehrer. In der Fahrschule werden vorwiegend Hengste eingesetzt. In der Reitschule stehen 25 leistungsbereite, zuverlässige Pferde, die zum Teil bis zur Klasse M ausgebildet sind, zur Verfügung.

Der Reit- und Fahrsport hat, wie kaum eine andere Sportart, in den letzten Jahren eine starke Aufwärtsentwicklung erfahren. So wurden 1960 in Baden-Württemberg 12500 Mitglieder in den Reit- und Fahrvereinen gezählt, 1996 betrug diese Zahl rund 100000 von insgesamt 700000 Mitgliedern in Deutschland. Hinzu kommt eine große Zahl von Reitsportinteressenten, die nicht Mitglieder in einem Verein sind. Reiten ist ein Sport für alle Bevölkerungsschichten geworden. Deshalb muß der Ausbildung, die auch den richtigen Umgang mit dem Pferd einschließt, immer größere Bedeutung zugemessen werden. Seit jeher widmet sich Marbach wie alle Landgestüte der Ausbildung im Gespannfahren und der Pflege der Fahrkultur.

Vor noch nicht allzu langer Zeit hatte das Reiten und Fahren mit Pferden lebenswichtige Bedeutung für Landwirtschaft, Handel, Gewerbe und Militär. Viele Entwicklungen wären ohne Pferde und Gespanne nicht denkbar gewesen. Heute hat sich die Nutzung der Pferde vom Arbeits- und Kriegsgehilfen des Menschen zum Sport- und Freizeitpartner gewandelt.

In den Landgestüten wird seit jeher dem Gespannfahren große Bedeutung zugemessen. Neben der Reitausbildung werden alle Hengste auch gefahren.
Dies ist gleichzeitig ein Nachweis für gutes Wesen und Charakterfestigkeit.

Das Exterieur

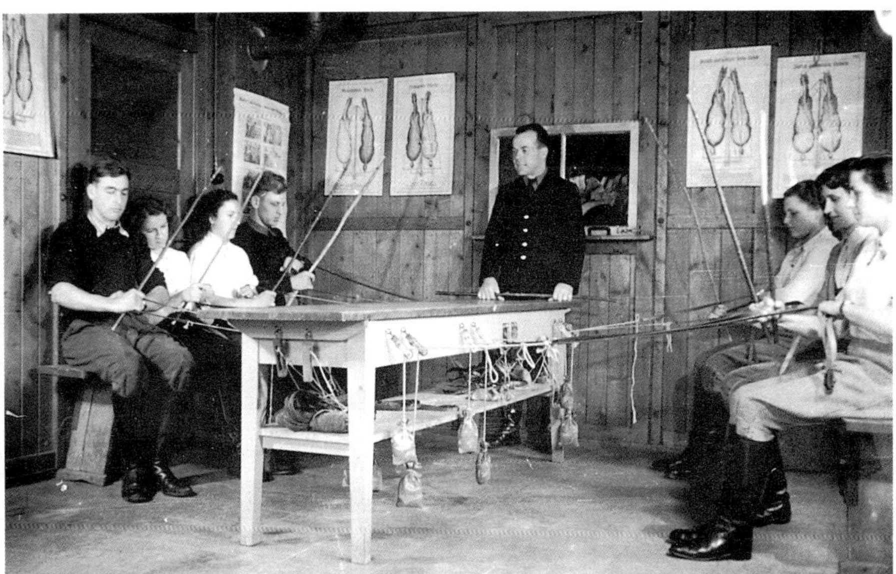

Die Fahrlehrgänge, die mit dem Fahrabzeichen enden, werden mit dem Zweispänner und für die Fortgeschrittenen im Mehrspänner abgehalten. Die Umgebung Marbachs bietet die Möglichkeit des Fahrens im Gelände und im Straßenverkehr.
Vor dem praktischen Fahren im Gespann steht der Unterricht am Fahrlehrgerät. Hierbei werden die notwendigen Griffe und die Leinenhaltung geübt. Am Ende der Leinen sind Gewichte angebracht, welche den Druck durch die Pferdemäuler simulieren.
Eine Aufnahme aus den fünfziger Jahren zeigt Altmeister Lamparter beim Unterricht, der auch heute noch in gleicher Weise von Fahrmeister Groß abgehalten wird. Fachkundiges und erfahrenes Gestütspersonal unterrichtet nach dem System, das seit 1923 nach Benno von Aschenbach benannt ist. Der Grundsatz dabei ist, daß alle Wendungen durch Nachgeben der äußeren Leinen und nicht durch das Annehmen der inneren Leinen eingeleitet werden.

Attraktive Pferde sind die Schwarzwälder Füchse mit ihrem hellen Langhaar. Pferde im Gespann müssen sich gut verstehen, um miteinander zu arbeiten. Das kommt bei diesen beiden Hengsten deutlich zum Ausdruck.

Handwerke rund um das Pferd

Viele klassische, in früherer Zeit bedeutsame Handwerksberufe sind im Zusammenhang mit der Haltung und Nutzung des Pferdes im Alltag entstanden. Heute haben diese traditionsreichen Handwerke insgesamt nur noch eine geringe Bedeutung. Im Haupt- und Landgestüt Marbach gibt es eigene Werkstätten für Schmiede, Wagner und Sattler. Das Schmieden gehört zu den ältesten Handwerksberufen. Es wird vermutet, daß der Hufbeschlag mit Eisen und Nägeln zwischen dem dritten und achten Jahrhundert nach Christus aufkam. Davor gab es eiserne Hufschuhe, die wie Sandalen mit Riemen oder Stricken am Huf festgebunden wurden. Mit dem Beschlag erweiterte sich der Einsatz des Pferdes auf größere Entfernungen. Eine revolutionäre Erfindung, für die bis heute noch keine Alternative gefunden wurde. Alle sechs bis acht Wochen werden die Marbacher Hengste und Pferde der Reitschule beschlagen. Dies erfolgt heute weitgehend mit vorgefertigten Eisen, die aber individuell dem jeweiligen Pferd angepaßt werden. Haumesser, Hammer, Hufnägel und Amboß sind die hauptsächlich verwendeten Werkzeuge. Pferde, die nur auf der Weide gehen, werden nicht beschlagen. Bei ihnen muß, wie auch bei Pferden mit Hufeisen, das nachwachsende Horn im Zeitraum von sechs bis acht Wochen ausgeschnitten, geraspelt und berundet werden. Bei den Fohlen wird mit der Hufpflege im Alter von etwa vier Wochen begonnen.
Alle Holzarbeiten, der Kutschenbau und die Reparaturen werden vom Wagner, auch Stellmacher genannt, versehen. Dieser Beruf ist zahlenmäßig stark rückläufig. Für einen Betrieb wie Marbach ist die vielseitige Tätigkeit des Wagners unerläßlich. In all diesen Handwerksberufen ist viel zeitaufwendige Handarbeit erforderlich. So benötigt ein versierter Wagner für die Fertigung eines Holzrades mit Nabe, Felgen und Speichen etwa zehn Arbeitsstunden. Die verwendeten Handwerkszeuge sind vorwiegend Säge, Hobel, Drehmeisel und Schneidmesser.
Ein charakteristisches Handwerk in Bezug auf das Pferd ist die Sattlerei. In der Marbacher Werkstatt werden vorwiegend Reparaturen von Sattel- und Zaumzeug sowie von Geschirren durchgeführt aber auch Halfter und Zaumzeug neu angefertigt. Die Sicherheit von Reitern, Fahrern und Pferden hängt weitgehend auch von einer soliden Ausrüstung ab.

Eine lange Tradition und Bedeutung für das Gestüt haben die Handwerke rund um das Pferd. Ein Pferd ist immer nur so gut wie es seine vier Hufe sind, sagt ein altes Sprichwort. Hierauf hat der Schmied großen Einfluß. In der Esse wird das Hufeisen zur Rotglut erhitzt, um anschließend auf dem Amboß in Form für das jeweilige Pferd gebracht zu werden.
Der Wagner verrichtet die Holzarbeiten, von der Neuanfertigung von Wagenrädern bis zur Reparatur von Kutschen. Auch Hindernisse und Zäune werden vom Wagner gefertigt oder repariert.
Der Sattler hat mit allen Lederarbeiten zu tun. Hier wird ein Kummetring ausgebessert. Im Hinblick auf die Sicherheit von Pferden, Reitern und Fahrern ist der einwandfreie Zustand von Sattelzeug und Geschirren von großer Bedeutung.

12

Dezember
Pferderassen

Das baden-württembergische Haupt- und Landgestüt ist wie alle Landgestüte der Garant für eine langfristig angelegte Entwicklung der Pferdezucht. Nur etwa zwei bis drei Prozent der im Lande geborenen Hengstfohlen werden letztlich als Zuchthengste eingesetzt. Den größten Anteil mit etwa fünfzig bis sechzig Hengsten stellen die Warmblüter. Die im deutschen Sprachraum gebräuchlichen Begriffe »Warmblut«, »Vollblut«, »Kaltblut« sind Ausdruck für das unterschiedliche Temperament der Pferde. Englische Vollblüter stellen eine weltumfassende Rasse dar. Sie werden seit über 200 Jahren ausschließlich auf Rennleistung hin gezüchtet. Nicht jeder auf der Rennbahn erfolgreiche Vollbluthengst ist als Veredler für die Warmblutzuchten geeignet. Zwei bis drei englische Vollbluthengste stehen im Marbacher Hengstbestand.

Die Hauptgestütsherde hat einen verhältnismäßig hohen Anteil an Trakehner oder ostpreußischer Blutführung. Neben den eigenen und im Land gezogenen Hengsten werden auch Warmbluthengste aus anderen Zuchtgebieten wie zum Beispiel Hannover, Westfalen oder Oldenburg eingesetzt. Die Ursprungsrasse der meisten, sowohl der Renn- als auch der Reitpferde, sind die Arabischen Vollblüter. Diese ausdrucksstarken, intelligenten, dem Menschen so zugetanen Pferde finden nicht nur in der Reinzucht, sondern auch in der Veredlung ihren Platz. Sie bilden wohl die weltweit konstanteste in sich geschlossene Rasse.

Die Kaltblutrasse der Schwarzwälder Füchse, auch St. Märgener Füchse genannt, stellen eine Lokalrasse des badischen Hochschwarzwaldes dar. Ohne die Förderung durch das Land Baden-Württemberg und die Haltung der Hengste im Haupt-und Landgestüt wäre diese Rasse vor einigen Jahren ausgestorben, da der vorwiegende Verwendungszweck der Pferde in der Landwirtschaft entfallen war. In den letzten Jahren haben die »liebenswerten Dicken« mit der Dunkelfuchsfarbe und dem hellen Langhaar zahlenmäßig wieder deutlich zugenommen. Vierzehn Hengste dieser Kaltblutrasse stehen den Züchtern 1996 zur Verfügung. Auch das Süddeutsche Kaltblut, einst das vorwiegende Arbeitspferd in ganz Süddeutschland, ist mit drei Hengsten im Bestand vertreten. Nicht zu vergessen sind die Haflinger, die heute als attraktive Freizeitpferde zum Reiten und Fahren geschätzt werden. Sechs Haflinger Hengste sind 1996 auf verschiedenen Deckstationen im Lande eingesetzt.

Gründlicher Pflege bedarf es, Mähnen und Schweife der Schwarzwälder Füchse so zu pflegen, daß sie sich in der hier abgebildeten Üppigkeit zeigen. Die hellen Mähnen und Schweife der Kohlfüchse sind auch ein Rassemerkmal.

Acht Hengste der Schwarzwälder Füchse zeigen die eindrucksvolle Einheitlichkeit der Pferde dieser Lokalrasse aus dem badischen Hochschwarzwald.
Der Hengst »Montana« (rechts oben), geboren 1978, ist ein typischer Vertreter der Gebirgspferderasse der Haflinger.
»Velour« (rechts unten), geboren 1982, vertritt die Rasse des Süddeutschen Kaltblutes, die vorwiegend in der Gegend um Ellwangen und Ulm verbreitet ist.

Eine Komposition von Renate Blank stellt drei Vertreter der im Marbacher Hengstbestand vorwiegend gehaltenen Rassen dar, Warmblut, Vollblutaraber und Schwarzwälder Fuchs.
Etwa fünfzig Warmbluthengste sind 1996 im Einsatz, vierzehn Schwarzwälder Füchse und fünf Vollblutaraber. Daneben drei Englische Vollbluthengste, ein Angloaraber, drei Süddeutsche Kaltbluthengste, sechs Haflinger und ein Reitponyhengst.

Drei der auf dieser Seite dargestellten Hengste sind sogenannte Veredlerhengste. Diese werden zur Anpaarung an die Warmblutpopulation eingesetzt mit dem Ziel, Reiteignung, Leistungsfähigkeit, Härte, Ausdauer und Nerv zu verbessern. Der englische Vollblüter »Stan the Man« (links oben) hat in Irland schon erfolgreiche Vielseitigkeitspferde gestellt. Er selbst ist ein ausdrucksvoller, großrahmiger und langliniger Hengst mit einer mächtigen schrägen Schulter und bester vollbemuskelter Kruppe und Hinterhand.
Der Angloaraber »Too Much« (rechts unten) wurde im Tausch mit der französischen Gestütsverwaltung gegen einen Vollblutaraberhengst erworben. Er wurde in Frankreich schon erfolgreich als Springpferd eingesetzt.
Herrlichen Rassetyp und Adel zeigt die Kopfstudie des Trakehner Hengstes »Lichtenstein«.
Kein Veredler, sondern ein Erhalter ist der Vertreter der Rasse des schweren Warmblutes, der Hengst »Centimo« (links unten), der vom sächsischen Landgestüt Moritzburg gepachtet wurde.

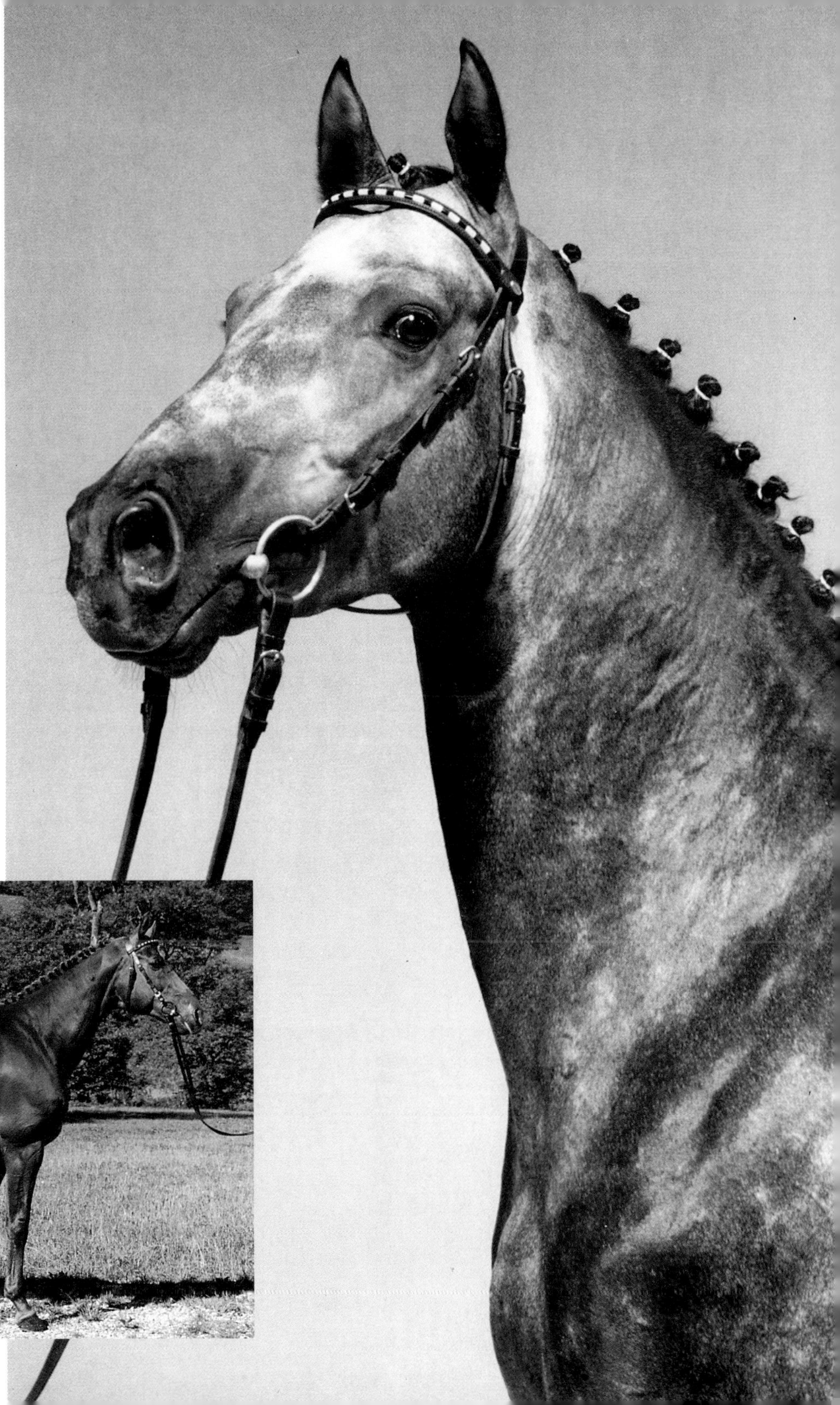

Der 1978 geborene Elitehengst »Korporal« ist ein typischer Vertreter der württembergischen Landespferdezucht. Sein Vater ist der so außerordentlich bewährte Trakehnerhengst »Kornett«. Von ihm hat »Korporal« Adel, Ausdruck und Rittigkeit. Seine Mutter, die Stute »Banja«, hat ihm Substanz und Kaliber sowie beste Charaktereigenschaften vererbt. »Korporal« war zweiter der Hengstleistungsprüfung 1981. Heute hat er den hohen Zuchtwert in der Dressur von 130 Indexpunkten. Seine Nachkommen sind stets willige, leistungsbereite Pferde für alle Vewendungszwecke.